唐汉　傅强 —— 著

图解汉字
的故事

长江出版传媒　长江文艺出版社

图书在版编目（CIP）数据

图解汉字的故事 / 唐汉，傅强著. -- 武汉：长江
文艺出版社，2023.8
　　（百读不厌的经典故事）
　　ISBN 978-7-5702-3083-9

　　Ⅰ. ①图… Ⅱ. ①唐… ②傅… Ⅲ. ①汉字－青少年
读物 Ⅳ. ①H12-49

中国国家版本馆 CIP 数据核字(2023)第 071914 号

图解汉字的故事
TUJIE HANZI DE GUSHI

责任编辑：张远林　　　　　　　　责任校对：毛季慧
整体设计：一壹图书　　　　　　　责任印制：邱　莉　杨　帆

出版：　长江出版传媒 | 长江文艺出版社

地址：武汉市雄楚大街 268 号　　　邮编：430070
发行：长江文艺出版社
http://www.cjlap.com
印刷：武汉科源印刷设计有限公司

开本：720 毫米×1000 毫米　　　1/16　印张：10
版次：2023 年 8 月第 1 版　　　2023 年 8 月第 1 次印刷

定价：26.00 元

目 录

第一章
汉字与动物

羊

甲骨文	金文	篆文	楷书
￥	￥	羊	羊

"羊"，从造字上看，它是一个象形字。从上往下看，可以看到羊角、羊耳、羊脸，整体字形源自羊的脑袋。所以孔子看到这些象形文字后惊叹："牛羊之字，以形举也。"

羊的性格温驯和善，食草而不与人争食，古人因此视羊为吉祥的征兆。古代饰物上常有"吉羊"二字的文饰，这个"羊"就是后世的"祥"字。"祥"字加上了"示"字旁，取象于古代祭祀时的供桌，含有祈求的意思。看来，"羊"在古代人的祭祀中常常用到，寓含了人们祈求吉祥、和美的心意。

"鲜、群、美、善、详、养"这些以"羊"为构字部件的字，想想，是不是都寓含着美好呢？

趣味小知识

《左传》中有一段关于羊的描述：楚国攻打郑国，郑国被打败了。郑国的国君郑伯，在投降时"肉袒牵羊以迎"。肉袒，是脱去王服，裸露身体，以示臣服。为什么还要牵着羊呢？因为羊是吉祥的象征，郑伯希望在亡国之际，得到楚国的宽恕，让人民免遭屠杀啊。

牛

甲骨文		金文
篆文	隶书	楷书

牛，力气大，性格和善，是耕地载物的好帮手，因此它在古代先民的生活中是不可或缺的重要角色。

"牛"是象形字，是一颗简化了的牛头。牛长着两只坚硬的牛角和一条可以自由甩动的尾巴。从甲骨文、金文的字形看，上面像内环的牛角，下面像简化了的牛头，突出了牛角、牛耳，与羊字的造字法多么相像啊。

《说文解字》说："牛，大牲也。"在所有动物中，它是对人类生活影响最大的动物，所以先民认为它代表着全部的家当和财物。有了牛，便有了一切。于是先民给天地间所有的东西，取了一个名叫"物"。

趣味小知识

你知道"三皇"之一的炎帝，即神话传说中的神农氏，长什么样呢？据《史记》记载，它是"人身牛首"。我们的祖先居然长着一颗牛头，可见牛在以农耕生活为主的先民心中，有着何等神圣的地位！牛和羊一样，也是祭祀时重要的祭品之一哦。

犬

甲骨文		金文	
篆文	隶书	楷书	

"犬"是一个象形字。金文中的"犬"字，就是用线描的方式勾勒了一只狗的身形。大张的口，瘦长的身体，长尾卷曲。孔子看到这个字后说："视犬之字如画狗也。"可见犬就是狗。

"犬"字的发音来自狗的叫声"汪汪汪"，经过历代音变才读作"quǎn"。它既可单独成字，也是汉字中常用的偏旁。用在左边，表示一类动物，如狼、猪、狐等。用在右边，表示某种行为，如伏、吠、状等。

趣味小知识

西汉初年，帮助汉高祖刘邦打天下、立下汗马功劳的韩信，因为被怀疑图谋造反，被迫服毒自杀。临死之时，他说了一句传世的名言："狡兔死，走狗烹。"意思是说，追捕狡猾的兔子时，善跑的狗一定会被重用；一旦捕完了兔子，狗不再有用了，就会被煮来吃。可见，狗在很早时，就被用来捕猎，为人们"效犬马之劳"哦。

甲骨文	金文	
篆文	隶书	楷书

"豕"，就是猪。甲骨文和金文中的"豕"是一个象形字：长嘴短脚，中间是肥肥的肚腹，还有一条下垂的短尾巴。将它横过来，就是一头惟妙惟肖的胖猪。

猪繁殖力强，一窝生七八个。对于以农耕为主的先民来说，它是十分适宜家养的牲畜。它既可以给人们提供肉食，也可以为土地提供粪肥来源。所以它很早就是六畜（牛、羊、豕、马、犬、鸡）之一。你知道吗？在邯郸出土的新石器时代文物中，发现最多的就是猪的骨骼呢。

"猪"中有一个"者"字，其本义是黑色一大片。上古先民发现，"豕"一生崽就是七八头，且是清一色的黑色。所以，"猪"字从"者"，取其黑色一大片的意思。

趣味小知识

《西游记》中的猪八戒，可是家喻户晓啊。他肥头大耳，尤其引人注目的是那个又肥又圆的大肚子。这个猪八戒，贪吃、贪睡、懒做。遇到啥事不急不躁，该吃的吃，该喝的喝，还动不动就吵着要散伙，闹着要回高老庄。不过，他心宽体胖，又一路忠心耿耿护送唐僧西天取经。如果没有他，取经的路上会少了很多趣味。

虎

甲骨文	金文
篆文	隶书	楷书

　　"虎"字是一个象形字。甲骨文的"虎"字，是一只头朝上、口大张、身上有美丽斑纹、尾足俱全的竖立着的猛虎头像。

　　《说文解字》中说虎是"山兽之君"，它是一种危险而又勇猛的动物。它在猎取食物时，常常会蹲伏在草丛中，慢慢靠近猎物，瞅准时机以迅猛的速度捕获猎物。因为老虎危险又残暴，人们常用"虎狼之心""为虎作伥"比喻人的残暴凶险；用"不入虎穴，焉得虎子"比喻人的勇敢。

趣味小知识

　　如果一个人被称为虎臣或虎将，表示在人们心目中，他是一名了不起的猛将。古代人调兵遣将用的兵符，又称"虎符"。虎符一半交将帅，一半交给皇帝保管，如果要调兵，需要两个虎符合并完整，持符者才能获得调兵权。看来，至高无上的兵权，只有老虎这种威猛的百兽之王才能象征哦。

甲骨文	金文	篆文

隶书	楷书

"马"也是一个象形字。甲骨文的"马",就像一匹头、足、身、尾俱全的侧视马形。上古先民堪称天才画家,他们对马的形体、眼睛和鬃毛的准确描绘,真是入木三分。大而扁长的眼睛,长在头部两侧,还有直立向上的马鬃活灵活现。

马在上古时代,常用来远行或打仗。它是人类饲养的家畜中体形最硕大的,所以古人喜欢在大物前加上一个"马"字,以此来形容比同类大的事物,如马蜂、马蚁。山东人喜欢把大枣称为"马枣",广东人把大的豆子称为"马豆"。

趣味小知识

历史上的英雄,都有他们自己的骏马。如楚霸王项羽胯下的骏马叫"乌骓"。当他在垓下被刘邦的大军包围,穷途末路时,发出了"时不利兮骓不逝"的感叹。《隋唐演义》中的大英雄秦琼落难他乡,不得不在马市上卖掉自己心爱的坐骑,那是一匹貌不惊人却能日行千里的黄骠马。关羽的坐骑名叫"赤兔",它全身红色,是一种烈马。

兔

甲骨文	金文
篆文	隶书　楷书

"兔"，是一个象形字。甲骨文中的"兔"，是一个头大耳长、尾巴短小且向上弯曲的小动物。从侧面看，完全是一个正在奔跑的小兔子。

兔子是一种和善弱小的小动物，遇见狗、鹰、狐狸和人这些敌手，除了奔逃之外，没有别的办法。因此，后世与"兔"有关的比喻词，多与软弱和逃跑有关，如兔死狐悲、兔死狗烹、动如脱兔等等。

趣味小知识

齐国的孟尝君，手下有一批能人异士。有一个叫冯谖的人作他的客卿，每天什么事也不干，孟尝君仍然以礼相待。一次孟尝君派他到薛地讨债，结果冯谖把债券全部烧了，当地的老百姓以为这是孟尝君的恩惠。后来孟尝君到薛地避难，受到当地人的热烈欢迎，孟尝君这才知道冯谖的才能。冯谖对他说："聪明的兔子通常有几个洞穴，才能在紧急时逃开猎人的追捕。你只有一个藏身之处，还不能高枕无忧，我再为你多谋划几个藏身的地方，才能安心。"这便是成语"狡兔三窟"的来历哦。

龙

甲骨文	金文	篆文
隶书	楷书	

"龙"从甲骨文中看，像一个弯曲的长虫。但在长期的演变过程中，它越来越成为一种想象的动物。先民对它既惧怕，又崇拜，直到它变成一种有别于自然界的复合体：牛耳、鹿角、虎掌、鹰爪、蛇体、鱼鳞。

龙有横空出世的气势，也有玄妙莫测的威力。可以随意变化，还可以来去自如，上天入地、呼风唤雨。它是先民心目中最神圣的动物，也是中华民族的象征，我们都是龙的传人哦。

趣味小知识

叶公好龙的故事，说的是古时有一个叫叶公的人，非常喜爱龙，衣服上绣着龙，居室四周也刻满了龙。他的诚心感动了天上的真龙，真龙决定下凡来看望叶公。但是，叶公见到真龙后却吓得面如土色，失魂落魄。叶公好龙，比喻对一类事物并非真正喜欢，只是装模作样而已。

甲骨文	金文
甲骨文	金文

篆文	隶书	楷书
篆文	隶书	楷书

鸟

"鸟",是一个象形字。甲骨文和金文中的鸟,头、尾、足、羽俱全,很像国画中画的鸟。只是后来,代表四个脚趾的点简化成了一横,象形的特点就不那么明显了。

鸟,在古代泛指飞禽或鸟类。它可以单独成字,也可以作偏旁,如鸣、岛、鹏等等。你知道吗?上古时代,鸟的种类和数量多得超出我们的想象。所以,以"鸟"为部首或偏旁的字,远远超过其他以动物为部首的字,它可是位居第一啊。

鸟,还有一个名字是"隹"。二者略有区别,长尾是鸟,短尾是隹。在构成文字时,用得最多的是隹。

趣味小知识

大家背过唐代诗人孟浩然的《春晓》吗?"春眠不觉晓,处处闻啼鸟。夜来风雨声,花落知多少?"啁啾的鸟鸣惊醒了贪睡在春光中的诗人,他推窗一看,一夜风雨,烂漫的花儿落了一地。看到这首诗,心中虽然充满了对美好春光逝去的惆怅,却也对古人描述的这种美好充满了向往。生活在都市中的你们,有没有在鸟鸣声中醒来的欣喜呢?

鸡

甲骨文	金文	篆文	
隶书		楷书	

甲骨文和金文的"鸡"，完全像一只头、冠、嘴、眼、身、翅、尾、足俱全的鸡。

鸡是先民们很早就已经开始驯养的家禽了，鸡的繁体字中有一个"奚"字，意思是它被一条绳子拴系着而驯养。数千年的驯化饲养，鸡已经不会飞翔，也无须再用绳子系住了。

从早期文字可以看出，"鸡"的形象都是打鸣的公鸡，没有母鸡。这与现代人对母鸡的重视程度并不一样，为什么呢?

趣味小知识

古代社会，鸡被人们尊为"报时神"，甚至享受人们的祭祀。先民认为鸡是"通天神灵"，它们知道茫茫长夜中的时辰，知道太阳何时升起，这是古代最聪明的人也无法做到的。古人养公鸡是为了报时，驱除黑暗，养母鸡则只是为了公鸡的代代不绝。上古时候，人们划分一天的界点，不是日出，不是夜半子时，而是以公鸡打鸣为一天的开始，由此可见公鸡在他们的生活中多么重要。

燕

甲骨文	篆文
隶书	楷书

这是一个象形字，甲骨文中的"燕"，简洁的几笔勾画出了一只轻俊的飞燕形象。

燕是候鸟的一种，每年春天迁回北方，在人们的居室屋檐下衔泥做窝，繁殖后代。燕是众多鸟类中人们最喜爱的鸟类之一。《诗经》中有"燕燕于飞，差池其羽"的诗句，优美极了。燕子不停捕捉虫子，喂到叽叽喳喳的小乳燕嘴里，忙个不停，这种情景看起来温馨而快乐。后来，人们用"燕乐"一词表示"宴乐"。

趣味小知识

中华民族有鲜明的鸟文化传承，有的民族甚至以鸟作为图腾。《诗经·商颂·玄鸟》中有一个"玄鸟生商"的神话传说。传说一个叫简狄的女人，吞下了玄鸟（即燕子）丢下的一枚卵，结果受了孕，生出一个儿子，从此繁衍了商民族，可见商与以"燕"为代表的鸟禽关系非同一般哦。

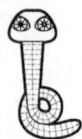

虫

甲骨文	金文
篆文	隶书	楷书

甲骨文和金文中的"虫"字都来自地上的蛇，它有三角形的头，长而蜷曲的身体，活像一条毒蛇的白描。

虫，原本指蛇，后来指所有爬虫，又演变指昆虫，最后成为整个动物的类属。比如在民间通俗说法中，人们称老虎为"大虫"，鹰是"刚虫"，蛇是"长虫"，龙是"鳞虫"，凤凰是"羽虫"，甚至人都被称为"裸虫"呢。

趣味小知识

据《礼记》记载，有羽毛的虫有三百六十种，凤凰是它们的首领；有鳞片的虫有三百六十种，以龙为首；有壳的虫有三百六十种，以神龟为首；裸虫也有三百六十种，以圣人为首。可见在远古时代，虫的种类比现代多得多，范围也广得多。

甲骨文	金文	篆文
隶书		楷书

蛇

"蛇",这是一个会意字,如甲骨文所示,它画的是两条蛇。蛇字继承了"虫"字的本义。后来人们将右边的"虫"字写作了"它",这便有了今日的"蛇"字。

蛇与上古先民的命运联系也很密切。那时候,毒蛇盛行,常常咬伤人类。人们见面往往问:无蛇乎?类似现代中国人见了面就问:吃了吗?

先民对蛇又敬又畏,于是把它当成了一种图腾。所以在中国古代神话中,造人的女娲和羲皇都是人首蛇身。人们似乎觉得与蛇沾上一点血缘关系,就可避免被蛇伤害了。

趣味小知识

"蛇头鼠眼"通常用来形容人相貌丑陋,心术不正。俗话说"相由心生",一个人的相貌会因为心而改变,所以一定要拥有一颗善良的心啊。

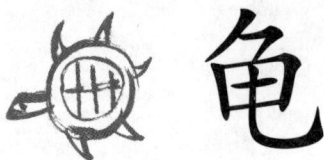

甲骨文	金文	篆文	
隶书		楷书	

"龟"，是一个象形字。甲骨文和金文的"龟"字，一看就知道是一只乌龟。

龟，旧读"久"，意思是它是一种长寿的动物。它的头和蛇一样，眼睛很小，嘴巴能张很大。背上有坚硬的壳，行动缓慢，遇到了危险就缩进壳中。

龟可以整年不吃不喝，寿命很长，因此古人认为它是通灵之物。商代的先民用龟甲来占卜吉凶，并在上面刻写卜辞，因此便有了甲骨文字。

趣味小知识

《龟虽寿》是曹操创作的一首著名的乐府诗，诗歌融哲理思考、慷慨激情和艺术形象于一炉，表现了诗人"老骥伏枥，志在千里"的积极进取的人生态度，充满真挚而浓烈的感情力量。试着背下这首诗吧。"神龟虽寿，犹有竟时。腾蛇乘雾，终为土灰。老骥伏枥，志在千里。烈士暮年，壮心不已。盈缩之期，不但在天。养怡之福，可得永年。幸甚至哉，歌以咏志。"

甲骨文	金文	
篆文	隶书	楷书

甲骨文的"鱼"，就是一条鲤鱼的图画，上头下尾，背部和腹部各有一鳍。后来，人们在鱼下面又增加了几个点，用这些小点来表示水滴。

鱼是一个部首字，汉字中由"鱼"组成的字，大都和鱼有关。如鲍、鲢、鲤等等。

趣味小知识

在所有的鱼中，鲤鱼与先民生活最密切，长江黄河是我们的母亲河，黄河盛产鲤鱼。鲤鱼在唐朝地位极高。因为皇帝姓李，老百姓不能捕捉，更不能吃，吃了要被定罪。鲤鱼一步步神化，王公贵族以鲤鱼作为玉佩，就连调兵遣将的兵符也改为了鱼符。在中国最重要的节日——春节里，人们会做很多鲤鱼灯，象征吉庆有余。

甲骨文		金文	
篆文		隶书	楷书

"畜"是象形字,甲骨文中的"畜",好像母畜生下的胎仔。上面像脐带,下面像被胞衣包住的幼仔,四个小点则表示羊水。后来慢慢简化为"田"。

畜的本义是动物繁育生子,后来慢慢指家养的动物,即家畜、牲畜。古人心目中的六畜即指马、牛、羊、豕、犬、鸡,它们是早期先民生活中不可缺少的六种畜养动物。

趣味小知识

六畜是先民们经过驯化后,畜养的六种家畜。你有没有这样的经历?旧时在农村,每当春节贴春联时,大人们往往会在猪圈鸡圈上贴上"六畜兴旺",在谷仓上贴上"五谷丰登",表达他们祈求来年丰收的美好心愿。六畜中牛能耕田,马能负重,羊能祭祀,鸡能报晓,狗能守夜,猪能宴宾客。它们各有所长,为农业社会的祖先们提供了重要的生活保障,所以深得他们的喜爱。

第二章

汉字与植物

草

甲骨文	金文		
篆文		隶书	楷书

　　"草"，是一个象形字。甲骨文写作"　"，看起来多么像一棵冲出地面茁壮成长的小草。两个"　"并列，便有了最早的草字。它既是草本植物的类名，也是形形色色的小草的通称。

　　在汉字中，凡与草本植物有关的事物，大多加有"艹"字头，比如芙蓉、芍药、芬芳。草生命力顽强，不论什么环境都能茁壮生长，由此引申出低贱、粗糙之义。因此，古代统治者称平民百姓为"草民"，把粗糙的纸称为"草纸"，如果要形容某个人的行为轻率，则称为"草率"。

趣味小知识

　　"离离原上草，一岁一枯荣。野火烧不尽，春风吹又生。"这首诗老幼皆知，写尽了草类植物的荣枯，也歌颂了小草顽强的生命力。据说唐代诗人白居易十六岁从江南到长安，带了这首诗去见当时的名士顾况。顾况看了他的名字后说："长安米贵，居大不易。"当他翻开诗卷，读到"野火烧不尽，春风吹又生"这句时，赞叹不已，说："有才如此，居亦何难！"

苗	苗	苗
金文	篆文	楷书

"苗"，是一个会意字，金文字形，就像植物的幼苗刚刚从田地里长出来的样子。

植物生长过程中，一颗种子刚刚生长时称为"苗"，开花称为"秀"，结果则称为"实"。孔子痛惜他喜爱的弟子颜回英年早逝，说了一句话，后来便有了"苗而不秀"这个成语。

苗后来泛指初生的植株或动物，如苗圃、花苗、树苗、鱼苗，等等。如果一个事情刚露出一点兆头，便称为"苗头"。

趣味小知识

你知道拔苗助长的故事吗？春秋时期，宋国有一个农夫，他嫌田里的庄稼长得太慢，一心想让它快点长。他便来到田里，把一棵棵禾苗往上拔，回家后还对儿子说他帮禾苗长高了好几寸。他儿子听后，跑到田里一看，禾苗全部枯死了。看来，违背生长规律，急于求成，只能起反作用哦。为人父母者，在教育子女时，不可不慎啊。

金文	篆文
隶书	楷书

"梅",是一个形声字。由"木"和"每"组成。"每"是一个象形字,本意指氏族社会中生育儿女最多的母亲。

梅子结果时,也是果实累累,繁荣旺盛。因此,梅在古代被认为是一种祥瑞的树木,意味着多子多孙。《诗经·摽有梅》中写了一个待嫁的女子,看着梅树上的果子越来越少,因为没有找到如意的郎君,心中也越来越焦急。

趣味小知识

听过望梅止渴的故事吗?东汉末年,曹操带兵攻打张绣,时值盛夏,士兵顶着烈日行军,个个又累又渴,附近却一滴水也找不到,很多人支撑不下去了。曹操见此情形,心里非常焦急。他怕士兵疲乏因而贻误战机,便灵机一动,站在山冈上,抽出令旗说:"前面不远的地方有一大片梅林,结满了梅子,大家再坚持一下,走到那里就有梅子解渴了。"士兵听后精神大振,最后曹操终于带着军队到了有水的地方。

桃

桃	桃	桃
篆文	隶书	楷书

　　"桃"，由"木"和"兆"组成。距今三千四百多年前，人们常用龟甲占卜吉凶，龟甲火烧后的裂痕往往呈现出"卜"形，描写左右裂开的"卜"纹的字就是"兆"。桃成熟后也会向左右两边裂开，因此有了从桃声的桃字。看来小小的汉字中，藏着生活的玄机哦。

　　桃是人们喜爱的一种果树，古代描述桃花的诗词非常多。如《诗经·桃夭》一诗借"桃之夭夭，灼灼其华"起兴，写出古人理想中的女子要像桃花一样美，同时还要像桃一样多子，宜室宜家。

趣味小知识

　　三国时，刘备、关羽和张飞三个人就是在繁花盛开的桃树下，结义为兄弟。他们起誓："不求同年同月同日生，但求同年同月同日死。"有苦同受、有难同当、有福同享。这便是"桃园三结义"。结拜之后，他们抱团打天下，最终与孙权、曹操三分天下，演绎了一场轰轰烈烈的三国故事。

金文	篆文
隶书	楷书

瓜

"瓜"，金文和小篆字体看起来像藤蔓分叉的地方结了一个瓜。只画一个瓜不容易辨认，所以连带着把瓜蔓也画了出来。

瓜一般指蔓生植物所结的果实：如黄瓜、南瓜、冬瓜等。也有果瓜，比如西瓜、甜瓜等。现代汉语中的"瓜分"，比喻像剖瓜一样分割国土和钱物；瓜葛，比喻像瓜蔓一样互相纠缠，无法理清。这些词语既形象又生动，充满了生活智慧。

趣味小知识

听过瓜田李下的成语吗？意思是经过瓜田时，不要弯下身来提鞋子，免得人家怀疑你要偷摘瓜，因为瓜一般是贴地生长的。经过李树时，不要举起手来整理帽子，免得人家怀疑你要举手偷摘李子，因为李子是长在树上的。这个成语强调正人君子要主动避嫌，远离是非，不要引起不必要的误会哦。

茶

篆文	楷书

"茶"，这个字出现较迟，古人称之为"荼"。此字从"草"从"余"。"余"字从甲骨文中看，像一把雨伞。茶叶浸泡于水后，叶片舒展开来，像不像伞打开的形状呢？也有人认为，茶字是由"艹人水"三个字根构成，只是后来把下边的水错讹成了"木"。

茶树是一种常绿灌木，人们栽种它是为了采它的嫩叶，晒干或烹炒后加以泡煮。作为日常饮料，茶味清香，喝了能让人神清气爽。从战国开始，中国人已经开始饮茶了。

趣味小知识

讲一个茶满了的禅宗故事。一个小和尚向老和尚学习禅，他讲了自己的很多心得，希望老和尚能给予指点。老和尚往小和尚面前的茶杯里倒茶，满了还在倒。小和尚说："师父，茶满了。"老和尚这才停下。小和尚让老和尚指点，老和尚说他刚才已经指教过了。小和尚这时才明白，一个装满了旧茶水的茶杯，又怎么能添进新茶呢？

甲骨文	金文	篆文
隶书	楷书	华

华

甲骨文的"华 huá"，像一棵树繁花盛开的样子。所以，这是一个象形字，上部代表花叶茂盛之状，下面像树干枝条。

古时候，树上开的花叫"华"，地上植物开的花叫"荣"。一直到晋代，才出现了"花"字，用来指代植物开的花。但许多成语中仍然保留了用"华"的习惯，如华而不实、春华秋实。

趣味小知识

华而不实，指只开花不结果，表面好看，却没有实际用处。春秋时，晋国大夫阳处父出使魏国时投宿到一家客店里。店主看他举止不凡，悄悄对妻子说他想投奔这个品德高尚的人，跟随他远游。路上阳处父的言谈举止让店主非常失望，他觉得这个阳处父并不是自己想象中的高人，于是一出自己的家乡，店主立刻改变主意，返回家中。妻子问他为什么这么快返回来，他说这个阳处父就是一个华而不实的人。

朵

篆文	楷书

"朵",从小篆字体看,它的下半部是"木",上半部是一个弯腰屈膝的人。人在树上,自然会压弯枝条,因此"朵"有下垂的意思。这是一个象形字。你猜一猜,"躲"字中为什么有一个"朵"?

凡植物的枝叶、花及果实下垂的样子,都可以称作"朵",后来引申指有重量感的花苞、花蕾或是成团的东西,如云朵、耳朵。

趣味小知识

唐代诗人杜甫《江畔独步寻花》:"黄四娘家花满蹊,千朵万朵压枝低。留连戏蝶时时舞,自在娇莺恰恰啼。"黄四娘家的花儿开满了小径,一团一团压弯了枝条。蝴蝶在花丛间游戏起舞,黄莺在树枝上不时发出婉转的鸣叫声。多么明媚轻快的春光图。诗人观察入微,让人叹服。

果

甲骨文		金文
篆文	隶书	楷书

"果"，整个字形就像一株结满果子的树木。甲骨文的"果"上半部是累累的果实，下半部是"木"。金文中，果实减少成了一个，但形状更大。后来省掉了小点演变为"田"了。

果的本义是指植物的果实，古人说"木实曰果，草实为蓏"。只是今天，不管是木本还是草本植物，果实都叫"果"。工作的成绩，事情的结尾也可称之为"结果"。

趣味小知识

中国人充满了智慧，从"果"的本义，你知道又引申出多少含义吗？"果断"，表示见到果子立即就吃，毫不迟疑。"果腹"，树上的果实熟了，有充实饱满的感觉，所以吃饱肚子，便称为"果腹"，多么形象。

甲骨文		金文	

篆文	隶书	楷书

"木"，是个象形字。它的字形来源于一棵树的形状，上有树枝，下有根，中间是树干。

木的本义是树。我们常说"十年树木，百年树人"，"木"即是树木。木既是木本植物的通称，也是一个偏旁字。在汉字中，凡从"木"的文字，大都与树木有关，如本、未、果、梨、杏、桃，等等。

古时与木相关的字可丰富啦。古人用木、林、森表示植物群落形态，用本、末表示树木的部位，又用析、杀、束表示对树木的砍伐利用。

------- 趣味小知识 -------

孔子是大圣人，他有弟子三千，贤人七十二，但并不是每个弟子都让他省心哦。他有一个弟子宰予，大白天在他讲课的时候，呼呼睡觉。孔子见后大动肝火，训斥他说："朽木不可雕也，粪土之墙不可圬也。"木质是敦实、坚硬的，用来形容人，则表示人的大脑不灵活。朽木是指腐烂的木头，腐烂的木头怎么可以用来雕刻呢？

金文	篆文
本	本
隶书	楷书

"本",是一个指事字,本义是指树木的根部。金文的"本",是在木的根部加上圆点,以强调树根的位置所在。后来随着字形的演变,三个小点变成了一横。

现在很多成语,如本末倒置、无本之木中的"本",都指树根。又从树根引申出根源、根本等意义。与本相对的是"末",指树梢或树的顶端部分,后来引申为事物的枝节。

趣味小知识

战国时候,一次齐王派使臣到赵国拜访赵威后,以示友好。使臣呈上齐王准备的礼物和一封亲笔信,赵威后接到礼物后,并未马上拆看,而是问使臣:"久未问候,贵国庄稼长得好吗?"使臣听了很不高兴,他觉得赵威后应该先问候齐国国君,再问庄稼,这样才是先贵后贱,以示尊敬啊。赵威后知道使者的想法后笑着说:"这你就错了,没有庄稼,如何养活人民?没有人民,哪里有国家和国君?这不是贵贱之分,而是本末倒置啊!"

蔬

篆文	隶书	楷书
蕺	蔬	蔬

蔬，古代写作"疏"，草字头是后加的。古人认为："草菜可食者通名为蔬。"

蔬，一般指粗米饭，一种掺有菜叶菜秆的不精细的饭食。《论语》中说颜回"饭疏食而饮水"，意思是他吃得简单而粗糙，但他依然不改其乐，孜孜以求，研习礼仪，最终成为孔子最喜爱的弟子之一。

趣味小知识

中国人很早就喜欢在饭食中掺杂一些菜蔬，既有调和作用，也表明了他们生活简朴。这些大杂烩的饭食，以腊八粥为代表。你吃过腊八粥吗？关于腊八粥，有一个故事哦。据说元末明初时期，朱元璋落难，在牢房里受苦。时值寒冬，又冷又饿的朱元璋从牢房的老鼠洞里刨出一些红豆、大米、红枣等七八种五谷杂粮，他把这些混在一起熬成了粥，美美享受了一顿。后来他平定了天下，当了皇帝，为了纪念这段特殊的艰苦日子，便把腊月初八定为腊八节，把自己吃的粥命名为腊八粥。

麻

金文	篆书	隶书	楷书

"麻"，本义是一种砍倒后可从茎秆上剥离出麻皮的植物。从字形上看，"麻"字，下半部分是两个并立的"朮"，看起来就像细长挺立的植株。两边的竖线，表示剥离的意思。再加上一个"广"字，表示人在屋里剥取麻皮。

麻是一种韧皮纤维桑科植物，古人在家中或作坊中将韧皮从茎秆上剥离，再用套在拇指和食指上的刮刀把韧皮的青皮刮去，剩下白色纤维，作为古代纺织的主要原料。麻在剥皮时会分泌一种碱性物质，可以腐蚀皮肤，使神经迟钝，于是便引申出"麻醉、麻痹、麻木不仁"等词。

趣味小知识

麻在中国封建礼俗中，有特殊功用。孝服必须用麻布制成，戴孝越重，用布越粗，腰间还得系上粗麻布做的腰带，以此表示自己的痛不欲生，至诚至孝，这就是"披麻戴孝"。据说，这个习俗来源于孔子。一天孔子正在弦歌台上讲经，忽然听说母亲过世了。孔子一阵晕眩，醒来后，抓了一块白麻布当头巾，穿了一件白袍当外套，随手拿起一条捆书简的麻绳系在腰里，往家里赶。后来人们就用"披白麻戴白孝"表示对先人至纯至真的孝心。

桑	桑	桑	桑
甲骨文	篆文	隶书	楷书

"桑",即桑树,是一种阔叶乔木,叶子可以喂蚕。

甲骨文的"桑"字,下半部是木,上半部是桑树的叶子,合起来看就像一棵枝叶繁茂的桑树。后来人们在"桑"树叶的位置上画了三只手,表示不断地采摘桑叶。战国铜器上的图案中,有古人采摘桑叶的情景。好桑养好蚕,好蚕吐好丝,有了好丝,才能织出精美的绫罗绸缎。

桑在古代人们生活中的地位特别重要,那时家家都要种桑,因此"桑梓"便成了家乡的代称。

趣味小知识

指桑骂槐,是说指着桑树数落槐树,比喻表面上骂这个人,实际上骂那个人。这个成语不同于瓜田李下,瓜田李下,是实实在在跟瓜田李树有关联的,而指桑骂槐却跟桑树槐树一点关系也没有。之所以这样用,正是因为桑、槐这些东西和我们的日常生活密切相关,以此来做比喻,可以起到形象生动的效果哟。三十六计中有"指桑骂槐"这一计,有兴趣的同学,可以翻一翻。

笔

甲骨文	金文	篆文

隶书	楷书

"笔",原本写作筆,从竹聿声。从字形上看,甲骨文和金文中的"笔"就像一只手握着细长的东西,正在刻字或画字的样子。竹字头,鲜明地告知了笔与竹子的关系。竹子对中国古代文化的最大贡献,反映在书写工具和书写材料的革命性突破上。

杜甫的名句"读书破万卷,下笔如有神"中的"笔",指毛笔。"笔"又引申为"文笔",表示文章的写作技巧与风格。宋代诗人范成大说自己老了,"笔意不如当日健,鬓边应也雪千茎"。

趣味小知识

班超是东汉著名史学家班固的弟弟。公元62年,他的哥哥班固到洛阳去做教书郎,他和母亲也跟随而去。由于家庭非常困难,他只好到府中帮助别人做些抄写工作,用来维持生计。有一天,他正在抄写文书,突然把笔向地上一投,长叹一口气说:"大丈夫纵然没有其他大志,也应当学习张骞和傅介子,为国家建功立业,怎么能这样长久做些抄抄写写的小事呢!"于是,他就投笔从军去了。班超投军以后,在大将军窦固的麾下,屡建奇功,后来被封为定远侯。这便是投笔从戎的故事。

甲骨文	金文	
篆文	隶书	楷书

"禾"，从甲骨文和金文字形上看，就像一株成熟的禾谷：下部为根，中部为秆和叶子，上面是垂向一侧的谷穗。它的本义就指"谷子"。《说文解字》因此释为："禾，嘉谷也，二月始生，八月而熟，得时之中，故谓之禾。"

秦汉以前，禾是"谷子（小米）"的专名，后来泛指一切谷物。当它成为一个类属后，便充当起了汉字的部首。许多与农作物有关的文字都有一个"禾"，如"稻、稷、黍"以及"秀、秆、秧、稗、稼、秋、种、租"等。

趣味小知识

"锄禾日当午，汗滴禾下土。谁知盘中餐，粒粒皆辛苦。"这首《锄禾》是唐代诗人李绅写的。诗歌描绘了在烈日当空的正午，农民依然在田里劳作，一滴滴的汗珠，洒在灼热的土地上。有谁知道盘中的饭食，每颗每粒都是农民用辛勤的汗水换来的呢？全诗饱含了作者对农民辛勤劳作却得不到应有的收获的深深同情。

甲骨文	金文	篆文
隶书	楷书	

"粟"的野生祖先是狗尾草，处处可见。经先民们一代又一代地栽培驯化，粟成为中国北方的主要农作物，并被尊为"五谷之长"。

甲骨文的"粟"字，看起来就像一棵成熟了的谷子：下边是一株禾谷，上边的小点，表示这是一种颗粒十分细小的粮食。后来人们把上面的谷穗之形演变成一个西。

"粟"原指称谷子的种子，后泛指所有颗粒状的东西或很小之物，如"沧海一粟"。

趣味小知识

李绅的《悯农》诗说："春种一粒粟，秋收万颗子。四海无闲田，农夫犹饿死。"这里的"粟"即指谷物的种子。这首诗的意思是：春天播种下一粒种子，到了秋天就可以收获很多的粮食。天下没有一块不被耕作的良田，可种田的农夫仍然要饿死。有人认为，这首诗揭露了封建社会残酷的生存压迫。

稷	稷	稷	稷
篆文		隶书	楷书

"稷 jì"，从字形看，就像一个人在侍弄禾谷。谷子的种子十分细小，播种出苗后常常一块密，一块疏。因此要将密处秧苗拔除，移栽在没有谷苗的地方。稷最早的含义便是移栽。

中国古代以农耕为主，土地和粮食被看作立国之本。古人以"社"为土神，以"稷"为谷神，并立社祭祀。"社稷"合为一词就成为国家的代称。北京的中山公园内，明清两代帝王使用过的"社稷坛"仍完好无损。

趣味小知识

传说周人的始祖"弃"，又名"后稷"。称他为"弃"，是因为他母亲未婚而孕生下了他，不得不把他丢弃在山野树林。称他为"后稷"，是因为他从小就"好种树麻菽"，长大后更喜欢农耕。尧帝便推举他做了农师，天下之人都向他学习种植技艺。后人奉他为农业之祖，在周人的故地陕西岐山，还修建了"后稷庙"专门祭拜他。

豆	豆	豆
甲骨文	金文	篆文

豆	豆
隶书	楷书

"豆 dòu"，本义指古代食器，是一种高脚盘子。先民常常用它来盛放食物或是祭祀物。在这一过程中，先民们发现，"豆"形盘子的造型，中间部分大，上下较细长，与大豆、豌豆之类的外形很像。汉代以后，便用"豆"来称呼这种椭圆形的植物种子。

"豆"古代也指与高脚盘相似的灯台，即俗语所说的"瓦豆""油灯"。油灯之光微小如豆，又发黄光，与现代的"豆"何其相像。可见古代人造字造词都是从生活中来，又回到生活中去。

------------------------------ 趣味小知识 ------------------------------

曹植《七步诗》："煮豆燃豆萁，豆在釜中泣，本是同根生，相煎何太急。"此诗用豆子与豆萁比喻兄弟手足之情，用燃烧豆萁来煮豆比喻兄弟手足相残，形象生动。据说曹丕做了皇帝以后，对才华横溢的胞弟曹植一直心怀忌恨。有一次，他命曹植在七步之内作诗一首，如做不到就将他处死。但曹植不等他话音落下，便应声说出这几句诗来。

秀

秀	秀	秀
金文	篆文	隶书

"秀 xiù"，这是一个会意字。它上边是一个"禾"字，表示谷类作物；下边是一个"乃"字，表示禾、麦、稻等农作物抽穗后会向一边倾斜而出，如同扔出去一般。

《诗经·大雅·生民》："实发实秀，实坚实好。"这里的"发"是说禾苗分蘖发苋，一根长出几棵苗；"秀"，指禾苗抽穗灌浆；"坚"，指穗粒的老熟坚硬；"好"，指籽粒之多。一句话写出了麦稻发育成熟的一步步过程，简洁生动。

趣味小知识

上古诗歌《麦秀歌》："麦秀渐渐兮，禾黍油油。"其中的"麦秀"即麦苗已抽穗灌浆。禾稻抽穗后比未抽穗者要高出许多，叶片高而耸立。因此，引申出"秀"有优秀、特异之义。又由禾稻抽穗扬花的亭亭玉立形状，引申出清丽美好之义，如"秀丽、清秀"等。"秀才"一词本指才能出众、优秀特异之人，明清之际，用来指称进入县学的生员，也泛指古代的读书人。

第三章 汉字与自然

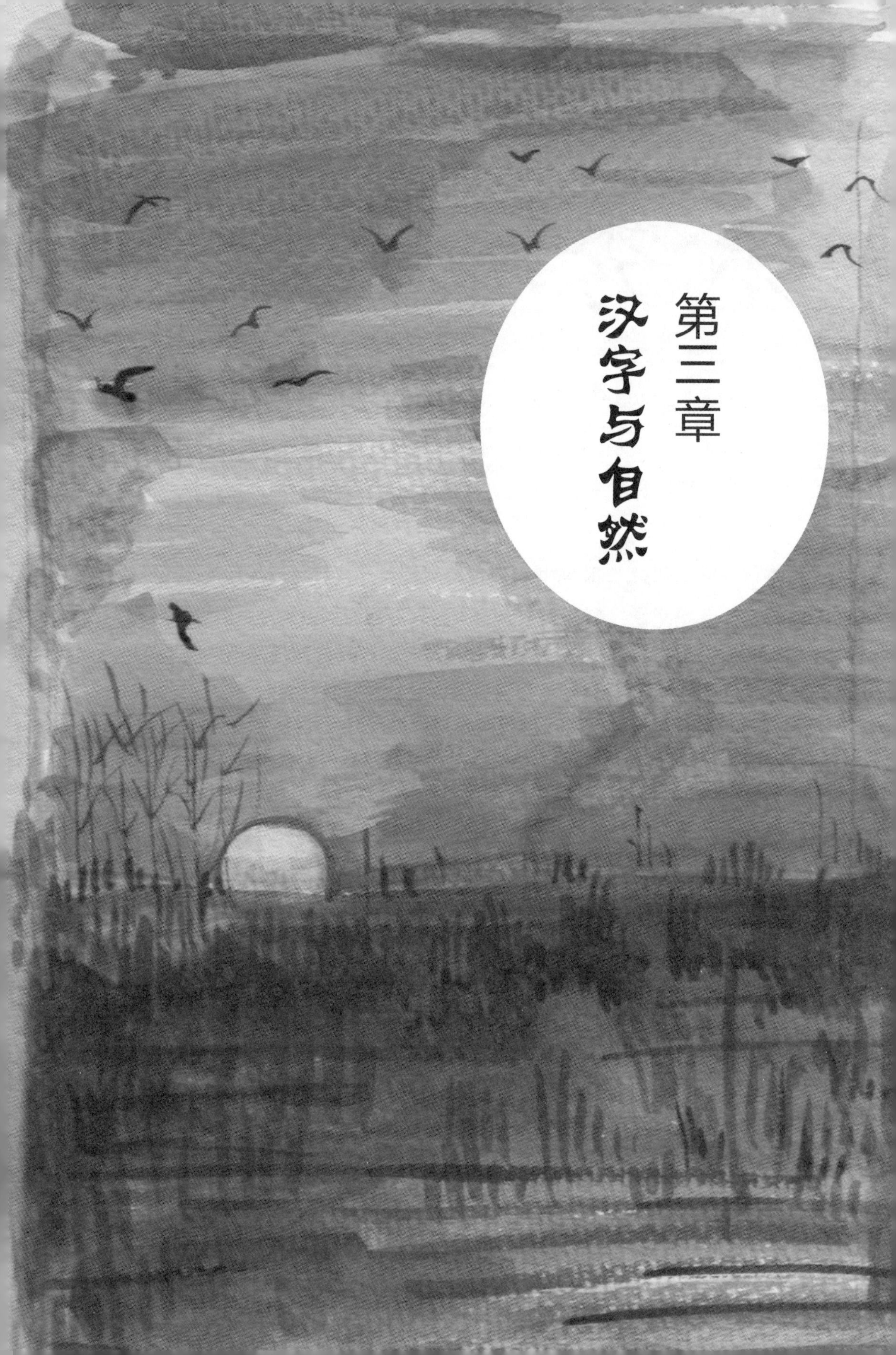

甲骨文		金文	
篆文	隶书	楷书	

"天"，从甲骨文字形看，像一个正面站立的人形，上面是一个方框或 "二"（古文字的上），表示人头顶上的一片蓝天，这是一个会意字。

按照许慎在《说文解字》中的注释，"天"字的本义有两重，一是"颠也"，指人的头顶。二是"天空"，即人们头顶之上的天空。现代汉语中，多用来指天空。

天，高高在上，日月星辰在其中运行，风雨雷电在其中变幻。古人不知这些自然之谜的谜底，认为天是有意志的神，是万物的主宰，是至高无上的权威，因而把天称作天神、天帝、老天爷。统治人间的君王，为表明君权神授，往往自称"天子"，这样就能凌驾于万民之上。

趣味小知识

刑天是《山海经》里的一位无头巨人，他本是炎帝的手下。自从炎帝被黄帝打败后，刑天就一直跟随在炎帝身边。后来蚩尤想起兵打黄帝，刑天也想参加，被炎帝制止。蚩尤被黄帝铲平，刑天一怒之下便手拿利斧，要与黄帝单挑。结果打不过黄帝，被黄帝斩去了头颅。没有头的刑天仍然没死，他重新站起来，将胸前的两个乳头当眼睛，把肚脐当嘴巴，左手握盾，右手拿斧，永远与看不见的敌人厮杀。鲁迅曾写诗赞扬说："刑天舞干戚，猛志固常在。"

◇	◇	⊙
甲骨文		金文
⊟	⊡	⊿
篆文	隶书	楷书

日

"日"，甲骨文、金文、小篆的字形，描绘的都是"太阳"的形状，这是一个典型的象形字，中间一点表示太阳的光。

太阳当空，意味着白天来临，所以"日"字又引申为白昼，与黑夜相对，如"夜以继日"。太阳落下，意味着白天的结束，这样，"日"字又用来表示计量时间的单位。《诗经》中有"一日不见，如三秋兮"的诗句，这里的"日"即"一天"。

"日"字是个部首字，凡由"日"字所组成的字，大多都与太阳有关，如"旦、昔、昧、杲、暮"等字。

趣味小知识

传说古时天上有十个太阳，他们都是天帝的儿子。刚开始十个太阳轮流值日，给大地送来阳光和温暖，地上万物生活得和睦又幸福。日子久了以后，十个太阳觉得这样很无聊，他们想一起周游天空，于是当黎明来临时，他们一起爬上天空，致使河流干涸，大地干裂。这时有个年轻人叫后羿，他决定射掉太阳，为民除害。他历经千辛万苦，射掉了九个太阳，最后只留下一个太阳，为万物送去光和热。这便是后羿射日的故事。

甲骨文		金文	
篆文	隶书		楷书

月

甲骨文的"月"字，缺而不圆，很像是一弯新月。月亮有圆缺的变化，太阳则不会缺，这种典型特征，非常形象地反映在"日""月"的字形上。古人还特意在弯月中添加了一个小点，来表示月亮上的暗影，或是朦胧的月光。

月亮的圆缺周期大约三十天，古人根据这个观察，将"月"变成一种计时的单位。日月、岁月是不是都充满了时间感呢？

趣味小知识

　　嫦娥是后羿的妻子，据说后羿到昆仑山求道，巧遇王母娘娘，王母给了他一颗不死仙丹。后羿便把药交给嫦娥保管。嫦娥求仙心切，便趁着后羿出去的时候，偷吃了仙药，变成了仙人，飞到了月宫，从此以后独居在月亮之中。这便是嫦娥奔月的神话。

水

甲骨文		金文	

篆文	隶书	楷书

"水"在甲骨文中有着非常优美的字形。它像一条流动的河流，弯弯曲曲。看见水字，就如同看到河水泛着浪花流动的形状。

考古证明，早期的人类文化遗址，都处在江河两岸数公里的范围以内。远古先民都是"逐水草而居"的。然而，择河而居，却极易遭受水患。所以说，中华民族的历史，又是一部与水搏斗的历史。我们因此有了大禹治水的故事。

趣味小知识

上古时候，黄河泛滥，禹的父亲治水，没有成功。禹带着一批助手继续治水，风餐露宿，走遍了中原大地的山山水水。他吸取了父亲用堵截方法治水的教训，发明了疏导治水的方法，引导水势东流入海。为了治水，他三过家门而不入，花了多年时间，终于治好水患，后人尊称他为"禹神"。

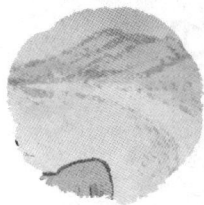

甲骨文		金文
山	山	山
篆文	隶书	楷书
山	山	山

山

"山"字的字形，看起来就像那些绵延数千里，存在亿万年的山脉。甲骨文的"山"字，就取象于太行山脉，很像一座座山峰高耸绵延的样子。金文的"山"字则给人一种雄浑厚重的感觉。演变到后来，雄壮感就越来越少了。

古代帝王都喜欢"奠高山大川"，借此向上天夸耀自己的丰功伟绩。从秦皇汉武到乾隆皇帝，他们都做过这种耀武扬威的"封禅"之举。

汉字中，凡由山组成的字，大都与山岭及其形态有关，如"崇、峻、峦、巍、嵩"等。

趣味小知识

苏轼有一首关于庐山的名诗《题西林壁》："横看成岭侧成峰，远近高低各不同。不识庐山真面目，只缘身在此山中。"诗歌借庐山的形象特点，用通俗的语言深入浅出地表达出深厚的人生哲理，告诉我们看问题要客观全面，耐人寻味。

夕

甲骨文		金文	
篆文	隶书		楷书

"夕 xī"的本义指夜晚。在甲骨文和金文中它与"月"字形义相同。只是"月"字中有小点，表示月光，而"夕"没有。"夕"，本指月亮升起，由于天未全部黑下来，月亮还不太亮。日落西山后，月亮爬上夜空，劳作了一天的人们尚无睡意，仍在抓紧时间劳动、思考或筹划第二天的活动。这是一段仍在忙碌的时间，必须特意表现。于是，上古先民们造出了"夕"字。

"夕"与"旦"意义相反，一个是月亮升起，一个是太阳升起。后来，"夕"字的时段又扩展到日暮时分，如"夕阳西下、夕照"等。后又引申指整个夜晚或岁月之末，如"除夕、今夕"等。

趣味小知识

除夕是腊月三十的夜晚。这天晚上，家家户户要守岁，放鞭炮，表达驱除不祥、迎接幸福的美好愿望。除夕夜晚为什么要守岁呢？据说太古时期，有一种凶猛怪兽叫"年"，什么都吃，包括人在内，所以人们谈"年"色变。后来人们知道了它总是在岁末的时候出现，便想出办法，在除夕这天夜里，祭祀祖先，彻夜不睡，坐在一起"熬年"、守岁，一起渡过这个难关。

甲骨文			金文	

篆文	隶书	楷书

雨

"雨 yǔ"，这是一个象形字。从甲骨文的"雨"中，你仿佛可以看到雨点从天而降，甚至能听到落雨时淅淅沥沥的声音。"雨"上面的一横代表天或是天上的云。

"雨"的本义指雨水，《说文解字》释为："雨，水从云下也。"据说，在现存的10万片甲骨中，其中占雨的卜辞少说有几千条，可见占雨曾经是商王的重要职责之一。卜辞中，殷人对雨不仅有了大小之分，也有了分类描述：微雨曰"幺雨""小雨"，伴有冰雹的雨曰"霝"，雨量充沛者曰"大雨""多雨"，雨势猛骤者曰"烈雨""疾雨"，绵绵不绝者曰"从雨""霖雨"，雨来及时者曰"及雨"，雨量充沛能保证农作之需者曰"足雨"。

"雨"是个部首字。汉字中，凡由"雨"所组成的字，大都与云、雨等天文现象有关，如"霜、霞、露"等字。

趣味小知识

杜甫《春夜喜雨》："好雨知时节，当春乃发生。随风潜入夜，润物细无声。野径云俱黑，江船火独明。晓看红湿处，花重锦官城。"诗的意思是：及时雨好像知道时节似的，在春天到

来的时候伴着春风在夜晚悄悄降临，无声无息滋润着万物。田野小径的天空一片昏黑，只有江面渔船上放出一点光明。等天亮的时候，潮湿的泥土上一定落满了红色的花瓣，锦官城里一定是一片万紫千红的景象。全诗表达了诗人对春雨"随风潜入夜，润物细无声"的赞美之情。

甲骨文	金文	篆文	
隶书		楷书	

"云 yún"，是一个象形字。上面两横表示云块的移动，下部蜷曲之形，像天上的云气回旋翻腾的样子。连起来看，就像一团上升气流中滚动的浮云。

早在殷商时代，先民已模糊认识到云之生、雨之降，是由大地山川水汽上升所致。所以繁体字的"云"，上面有"雨"字。

云连绵起伏、一望无际，因此引申出"盛多"之义，如"云集"。云悬浮在高高的天空，又用来表示高，如"云霄、云台"等。一个人志存高远可称为"壮志凌云"。

趣味小知识

唐朝书生王季友的妻子柳氏不堪家境贫寒，抛弃丈夫，外界不明真相，纷纷指责王季友。杜甫为好友鸣不平，写了《可叹》一诗，感慨世事变化莫测。诗的前四句说："天上浮云似白衣，斯须改变如苍狗。古往今来共一时，人生万事无不有。"意思是，天上的浮云分明像清白的衣服，一会儿工夫又变成一只灰毛狗的样子。古往今来，人生道路上这种形形色色的事哪样没有呢？诗人用云的多变比喻世事的多变，形象贴切。后来人们从这四句诗中提炼出"白云苍狗"的成语来。

风

甲骨文	篆文
隶书	楷书

"风 fēng"在甲骨文中，由"凡"和"凤"组合而成。远古先民认为，风无形可画，只能借助大公鸡用翅膀扇起气流来表示。所以有了与"凤"同一构形的"风"。随着他们对风的认识的深入，人们用能刮走一团蒙虫的气流来表示风。

"风"在古代还特指《诗经》中诗歌类型的一种，即"国风"中收集的各地民俗歌谣。"采风"，即指收集歌谣。"风"还特指"兽类雌雄相诱"，如"风马牛不相及"中的"风"，就指动物身上发出的有诱惑性的气味。当然，这种气味一定是随风而扩散的。

趣味小知识

唐朝诗人李峤写了一首诗，暂不说它的诗题，大家根据诗歌的意思，能猜出这首诗写的是什么吗？诗是这样写的："解落三秋叶，能开二月花。过江千尺浪，入竹万竿斜。"这首诗的谜底就是"风"。

甲骨文	甲骨文	金文	篆文
隶书	隶书	楷书	

"春 chūn"，是个会意字。从甲骨文看，左边上下部分是"木"字的两半，木的中间是"日"，表示太阳升起；右边是"屯"，表示种子发芽。显然，"春"的本义指阳光升起草木初生的时候。草木初萌，是新生命的开端，所以春表示一年的开始。

古代诗人有许多描写草木生长的名句，如"春到江南花自开""春到人间草先知""春到人间万物鲜"等，这些诗句，形象地表现了春天万物萌生的景象。

趣味小知识

有关春的诗句很多，宋代的大儒朱熹的《春日》写得尤其好，诗文如下："胜日寻芳泗水滨，无边光景一时新。等闲识得东风面，万紫千红总是春。"这首诗表面描写春日的美好景致，实则寓含着深深的哲理，你能悟出来吗？

甲骨文	金文	篆文
隶书		楷书

甲骨文的"夏 xià",主体是一个四肢大张的"页"形。就像是盛夏季节,人们四肢裸露,并且大张着,似乎已热得连手脚都没有地方可放。可见"夏"的本义就是暑天。

夏天草木长大,华茂成荫,引申出"大"的意思。如"华夏"意思是"大中华"。

趣味小知识

相传,我国历史上的第一个朝代是夏朝。那时,黄河流域一带的先民自称"华夏"。从字义上看,华指服饰之美,夏指礼仪之盛大,两者连起来代表了世间的一切美好。

甲骨文	篆文
隶书	楷书

"秋 qiū"，甲骨文看起来活像一只蟋蟀。有前翅、有形象分明的两个长须、有强壮有力的后腿，让人不得不佩服古人的绘画天才。此字发音大概也从蟋蟀的鸣叫拟声而来。中国北方，八月蟋蟀成虫出现，九月盛行，十月鸣声短促高尖，随着秋尽蟋蟀也就死亡了。可见古人用蟋蟀来造"秋"字，是源于深刻的生活体验的。

"秋"季是成熟收获的季节，农作物呈金黄色，恰如火灼，所以后来"秋"字的构件有"火"也有"禾"。

西周以前，一年只分"春""秋"两季，"春秋"即为一年。鲁国的编年史叫《春秋》，正是这个原因。

趣味小知识

秋天也是一个让人悲伤思念的季节，古人关于秋的诗数不胜数，其中元代马致远的《天净沙·秋思》尤为出名。全诗像一幅画，以景为主，最后一句点出悲秋的人。诗文如下："枯藤老树昏鸦，小桥流水人家。古道西风瘦马，夕阳西下，断肠人在天涯。"

甲骨文		金文	
篆文		隶书	楷书

"冬 dōng"，甲骨文 为象形字，像在纪事的绳子 的两端打结，表示记录终结。其本义是结束一个结绳记事，即终结。冬天万物肃杀，也是一年的尽头，用"冬"表示终结，有深刻的生活经验。后来"冬"表示终结的本义消失了，渐渐只用来表示一年最后的季节。人们又造出了"终"字，代替"冬"的本义。

古人根据四季的特征与节奏，总结出天人合一、顺其自然的养生之道：春生，夏长，秋收，冬藏。

趣味小知识

甲骨文的"卯"字写作" "，有人认为这是连接胎儿和胎盘之间的脐带。在古人看来，当婴儿从温暖的母体中产出后，第一感觉便是寒冷。婴儿从母体生产出来后，便是生育的完成，因而"卯"也有终了的意思。后来，人们在"卯"下边增添一个表示冰的两点（仌）。这就有了现今的"冬"字。

甲骨文		金文
篆文	隶书	楷书
岁

"岁 suì",甲骨文看起来像斧或镰刀上沾有血的样子。"斧钺"和上古时代的石刀本是一种杀伐的武器,所以上古的文献中,"岁"多用来表示"割牲以祭",即杀牛以祭祀祖宗和神灵。后来渐渐用来表示时间单位"年岁"。

"岁"用来表示年岁,大概与先民祭祀的对象有关。在中国人的星宿档案中,"岁星",又名"太岁星",即木星。因木星每十二年在天空中绕行一周,古人于黄道附近设十二个标点,就是十二辰,作为纪年的标准。木星运行一辰就是一年,所以叫"岁星"。夏代古人是否祭祀岁星,已不可知,但"太岁头上动土"之语遗留至今,可见岁星在古人心目中乃是威灵的象征物。

趣味小知识

知道岁寒三友吗?岁寒三友指松、竹、梅。松,四季常青,象征青春常在;竹,虚心有节,象征君子的气节人格;梅,笑傲严寒,象征坚贞的品格。这三种植物,是中国画的常客哦。

甲骨文	金文
篆文	隶书 楷书

"土 tǔ"，从甲骨文看上去，就像是一个土块的形状：下面的一横表示地面，上面像枣核形的轮廓，表示突起来的土堆，或者说叫作土坷垃。

"土"的本义为土壤、泥土，如"土地、土葬、土崩瓦解"等。一方水土养一方人，人土之间关系密切，因此，又引申出了乡里、本地之义，如"故土、乡土"。《论语》中的"君子怀德，小人怀土"，"土"即乡土的意思。

趣味小知识

　　土地是人类的衣食之母，古代的皇帝或分封的各路诸侯王，在拥有或占领一块土地后，都要举行"封土"仪式。他们派人收集管辖下的五方（东西南北中）之土，堆筑成坛，在上面昭告上天和祖先，宣布这一块土地为自己所拥有。古代称这种仪式为"封土建坛之仪"。中国人常说的"封建时代"，就是指这种帝王和贵族拥有土地，并实施专制统治的时代。

甲骨文	金文	篆文	楷书

石

甲骨文的"石 shí"字，左上角像一块石磬，右下角像是从石磬上掉下的一块。

"石"的本义即石块，后泛指各类的石头和石料。现代汉语中诸多成语，如"以卵击石、水落石出、石破天惊、石沉大海、他山之石可以攻玉"等，皆与石的沉重、坚硬等属性有关。

"石"，又是一个偏旁部首，凡石之属皆从石，如"矿、岩、砣、矾、碑"等。由于石性坚硬，所以表示坚硬类的物体及其属性时也用石做偏旁，如"硬、研、斫"等。

趣味小知识

"石"有两个读音，一是石头的石（shí），二是一担的"石"（dàn）。作为后者，"石"既是容量单位，又是重量单位。从容量来说，古代十斗为一石，从重量单位来说，120斤则为一石。古代，"石"还用来表示官员的工资级别（俸禄）。古代官员的俸禄究竟是多少呢？《汉书·百官公卿表》颜师古注曰："汉制三公号称'万石'，其俸月各三百五十斛谷，二千石者百二十斛，千石者九十斛……一百石者十六斛。"

火

甲骨文	金文
篆文	隶书 楷书

"火 huǒ"，是一个典型的象形字。甲骨文的"火"，看起来很像燃烧的火焰。只是在后来的演化中，"火"字越来越抽象了。

火，是人类驯化的第一种自然力。据说，陶器未发明前，火除了用来烧烤猎物外，也用来熬汤煮肉。远古先民捕获野兽后，会在地上挖一个坑，铺进剥下的兽皮，放入骨头、肉和水，然后用火烧红圆圆的石头，一块一块地丢进"地锅"之中，便会得到美味的汤。

火字是一个部首字，凡用"火"构建的汉字，大都与火及火的使用有关。如"炙、燔、炮、烘、炒、蒸、煎、熬"等字，内中都有火。

趣味小知识

传说昆仑山上有很多白石，唯一能在石头上生长的树叫燧木。这种树，有树干却没有皮，有树枝却没有树叶。有一天，昆仑山上来了一只叫毕方的鸟，它的嘴特别尖，喜欢啄那个燧木。啄着啄着，那树竟着火了。一些燧人氏一看着火了，也学着毕方的样子试着钻燧木使之起火，这便是钻木取火的传说。

第四章

汉字与人体

甲骨文	金文	篆文	隶书	楷书

"人"，甲骨文、金文、小篆都像一个侧身站立的人形。《说文解字》说："像臂胫之形。"造字刻意突出人体的四肢，用分工明确的胳膊和腿，表示人的本质；又用侧立之形，寓意人的行色匆匆，四处奔波。这恰是人与动物相区别的典型特征。

一个"人"字，笔画简单，只有一撇一捺，却反映出古人对事物观察的细致和准确，显示出古人对自我认识的能力：人与其他动物在形体方面的主要区别是四肢，人与动物的活动差别是直立行走，人之为人在于双手的解放和使用工具。

汉字中，凡以"人"字组成的字，大都与人的行为状态有关，如"从、众、伐、休、伏、保、仄"，等等。

趣味小知识

孔夫子到泰山游览，偶然见到一个山野老农，他衣衫褴褛，腰间系一条破旧布带，一边唱歌一边奏琴。孔子问道："先生，你为什么这样高兴啊?"老农回答说："有很多事情值得我高兴。第一件是老天爷虽然造就了世界万物，但只有人是最高贵的，而我恰好生为一个人，怎能不高兴呢!"

手

甲骨文	金文	
篆文	隶书	楷书

"手",是一个象形字。金文和小篆的"手"字,看起来就像一只手:上面的分支代表五个手指,下面是手掌、手腕。

在人类诸多行为中,手与脚既有分工又互相协同,二者的关系最为密切。因此,"手"与"足"(脚)多联用,如"手忙脚乱、手足无措、手舞足蹈"。在现代汉语中,形同手掌大小及薄厚之物,也常用手作为修饰限定,如"手册";使用原理与手相同之物也可用手比拟,如"扳手、把手",等等。

汉字中,凡从"手"或提手旁的字,大多与手或手的动作有关,如"打、拍、扶、拿",等等。

趣味小知识

人的手都有五根手指。这五根手指本来是团结一致的,可有一天,它们五个互相争了起来,都觉得自己的功劳大,相互不服气。争来争去,也没有争出个结果来。这时,忽然跑来了一个皮球,它们都想将它捡起来。大拇指一马当先,试了一下,根本拿不起来。接着食指、中指,还有无名指及小指,一个个都跃跃欲试,都没能成功。最后它们五根手指团结起来,齐心协力,轻而易举就把皮球拿起来了。

足

甲骨文	金文	篆文	隶书	楷书
𤴔	𤴔	足	足	足

"足"，这是一个象形字。甲骨文的"足"字，活像一个脚趾、脚掌、小腿部分俱全的人脚。金文字形略有变化，除仍保留脚掌、脚趾的形状外，小腿部分则以一个圆圈代替，表示腿肚子。

"足"的本义为腿，如成语"画蛇添足"，其中的"足"即为腿。现代汉语中，则有"插足、立足、手足"等。词义扩大后，"足"泛指器物的腿足。如"鼎足而立"一词，这里的"足"便表示器物的支撑部分。

汉字中，凡从"足"之字，都与腿脚及其动作有关，如"跟、踵、蹈、践、促、捉"，等等。

趣味小知识

古时候，楚国有一家人，想把一壶酒分给大家喝却不够，这时一个人提议大家在地上画蛇，谁先画好，谁就喝这壶酒。大家都认为这个方法好，于是，都在地上画起蛇来。有个人画得很快，回头看看别人，还都没有画好呢。于是，他便左手提着酒壶，右手拿了一根树枝，给蛇画起脚来。此时，另外一个人已画好了，他夺过酒壶说："你见过蛇吗？蛇是没有脚的，你为什么要给它添上脚呢？"说完把酒全喝了。这便是成语"画蛇添足"，比喻做多余的事反而无益。

甲骨文		金文
篆文	隶书	楷书

舌

甲骨文的"舌"字，下面像一张嘴巴，上面从口中伸出来某个东西，就是舌头，旁边的小点则表示说话时四处喷溅的唾液。

人的舌头有两大功能：发声说话以及辨别味道。因此，汉字中以"舌"作部首的文字，要么和味道有关，如"舐、舔、甜"等；要么和言辞有关，如"白费口舌、唇枪舌剑"等。

趣味小知识

《史记·张仪列传》中记载：张仪游说诸侯失败，只得灰溜溜回到家。回家后他老婆说："倘若你不读书、不去游说，怎么可能受这样的折磨？"张仪不服，冲着妻子说："请你看看我的舌头还在吗？"妻子笑着回答："还在。"张仪说："那就行了，有它就足够了。"张仪最终凭着他的"三寸不烂之舌"，成功说服秦惠王采纳了他的外交策略，并被封为相。

耳

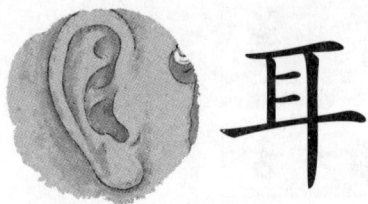

甲骨文	金文	篆文	隶书	楷书

"耳",这是一个典型的象形字。甲骨文的字形看起来就像一只耳朵,后来演变得越来越简洁,也在一定程度上失去了甲骨文象形的特点。

耳是听觉器官,在人体的五官之中,耳与眼是接受外界信息最多、最为重要的两大器官。因此,由"耳目"两字组成了许多词语,如"耳濡目染、耳闻目见、耳聪目明"等。"耳"的引申义有两点,一是依据其形状方面引申而来的"木耳、银耳"等,一是依据其在头部两旁引申而出的"耳房"等。

趣味小知识

春秋时候,晋国世家赵氏灭掉了范氏。有人趁机跑到范氏家里想偷点东西,看见院子里吊着一口精美的大钟,小偷心里高兴极了,想把这口精美的大钟背回自己家去。可是钟又大又重,怎么也挪不动。他想了一个办法,把钟敲碎,然后再分别搬回家。他找来一把大锤子朝钟砸去,钟发出巨大的声响,把他吓坏了,这不是告诉别人自己在偷东西吗?他想了一下,决定用两块布塞住自己的耳朵。然后放手砸起钟来,结果人们听到钟声蜂拥而至,把他捉住了。掩耳盗铃的故事告诉我们,自欺欺人者只会自食恶果。

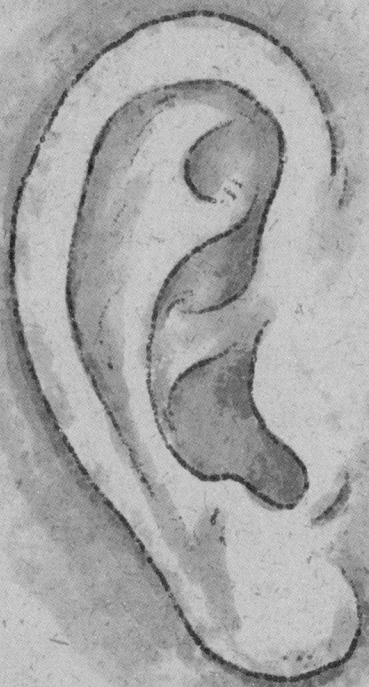

甲骨文		金文	
篆文	隶书	楷书	

心

"心"，是一个象形字。甲骨文很像一个"心"的形状。金文略有变化，但也像一颗心。小篆则变得不太像心的外形，更多地像"心"的剖面图像。楷书缘此写作"心"。

"心"的本义就是"心脏"器官，后引申为"心思"或"心意"，又有中心、中央之义，如"江心"，即江流中央。

"心"字是个部首字，放在左边时写作"忄"。凡由"心"字所组成的字大都与"心思、心态"有关，如"想、愁、慕、念、惕"等。

趣味小知识

唐朝诗人王昌龄《芙蓉楼送辛渐》："寒雨连江夜入吴，平明送客楚山孤。洛阳亲友如相问，一片冰心在玉壶。"他用"玉壶冰心"比喻自己的心像冰一样清雅高洁。

坐

𡉈	𡊫	坙	坐
甲骨文	金文	篆文	楷书

"坐 zuò"，原本指跪踞。甲骨文的"坐"，就是人在席上跪踞的形状。金文将席子改为"土"，又增一人形。

"坐"字从人在席上的跪踞之形，演变为人们在荒郊野外时，坐在土块或台阶上休息的情景，又扩展为在室内凭几而坐。文字形体上的变来变去，源自生活习俗的改变。一个"坐"字，真实地反映了华夏民族居处方式的演化。

"坐"有止留、停息的意义，所以引申为不动，如成语"坐吃山空、坐以达旦、坐以待毙"。人们坐下来休息，客观上表示占据了某个方位和朝向。所以，"坐"字又引申为位置所在，如"坐北朝南"。

趣味小知识

一只青蛙坐在井里，一只小鸟飞过来，落在井边上。青蛙问他："你从哪里飞来呀？"小鸟说："我从很远的地方来，在天上飞了一百多里了，口渴了，想找点水喝。"青蛙说："瞎说，天只有井口大，还用得着飞那么远吗？"小鸟说："你错了，天无边无际，大得很呢。"可青蛙不相信小鸟的话，他说他在井里，一抬头就可以看见天，怎么会弄错呢？天就只有井口大。青蛙不跳出井这个狭小的地方，怎么会知道天到底有多大呢？这就是坐井观天的故事。

金文	篆文	隶书	楷书

"立ǁ"，是一个会意字。由一个站立的"大"和表示地面的一横组成。整个字形就像一个人张开双腿，站立在大地之上。因此，"立"的本义为站立。

成语中的"顶天立地"，佛教典籍中的"立地成佛"，其中的"立"字，都表示人的站立。由人的站立引申出建树、竖起之义，如"立竿见影"。

趣味小知识

林则徐是晚清名臣，他出任两广总督时，负责查禁鸦片。为了勉励自己，他曾在自己的府衙写了一副对联："海纳百川，有容乃大；壁立千仞，无欲则刚。"上联告诫自己要胸怀宽广，听取各种不同意见；下联告诉自己，当官要杜绝私欲，才能像大山一样挺立世间。

甲骨文	金文	篆文	楷书

甲骨文的"发"字，上面左右各有一只脚，表示奔跑；下面则是一只手执标枪的样子。合在一起，表示一边奔跑，一边把标枪投射出去。

"发"的本义为投掷、发射。《说文解字》释为："发，射发也。""百发百中、弹不虚发"等词语用的正是这个意思。

由发射之义又引申为送出、交付，如"发工资、发信"等；又引申表示人或事物因变化而呈现出异常，如"发臭、发绿、发怒、发脾气"，等等。

趣味小知识

养由基是古时楚国的一个射箭能手，能在百步之外，射中柳叶的中心，百发百中，人们看了都说好。可是一个过路的人却说："这个人，可以教他怎样射了。"养由基听了后，心里很不舒服，就说："大家都说我射得好，你竟说可以教我射箭！"那个人说："我不能教你怎么引弓射箭，却能教你调养气息。一个人若不善于调养气息，很容易就会疲倦，这样不就前功尽弃了吗？"

尺

| 金文 | 篆文 | 隶书 | 楷书 |

"尺 chǐ"，从字形上看，长弯竖表示整个手臂，中间的一点是指示符号，表示手臂的弯曲处，即曲肘部。整个字形，表示从手掌边缘到曲肘部的长度，这个长度即一尺。

上古社会，没有专门的长度工具，人们便以身体的一部分作为测量长度的标准，人体之"尺"随身方便，只是不太精确。后来，发展出专门测量长度的器具，名称仍称作"尺"。如古诗《孔雀东南飞》："左手持刀尺，右手执绫罗。"这里的"尺"已是测量长度所用的器具了。

趣味小知识

李白《夜宿山寺》："危楼高百尺，手可摘星辰。不敢高声语，恐惊天上人。"李白的这首诗是用夸张的手法形容山寺所在之高。所以诗中的"百尺"并不是实指，而是虚指，表示楼非常高，高到不敢大声说话，免得惊动了九天之上的仙人。

甲骨文		金文
篆文	隶书	楷书

"步 bù",这是一个象形字。甲骨文和金文的"步"字,像两只脚掌一前一后的形状,表示两只脚交替前行。所以,"步"的本义为步行,如"步兵、徒步、步人后尘"等。

"步"在古代还是一种长度单位。古人以举足一次为一跬(kuǐ),举足两次为一步,如《荀子·劝学》中的"不积跬步,无以至千里"。据说,秦代以三百步为一里,以成人步履计算,一步约为一米六,一里大约有五百米。

趣味小知识

"步步为营"这个成语,说的是军队在向前进发时,每前进一段距离便建立一个营垒,就像人一步一个脚印,用以形容稳扎稳打、谨慎小心之意。三国时,黄忠攻打定军山,听从了谋士"步步为营"的计策,每行走一段路程就设下一道营垒,然后又继续向前推进。一路上行军谨慎,防备严密。敌方夏侯渊不听张郃劝阻,轻率出击,吃了败仗。这样黄忠的军队终于顺利推进到定军山下,夺取了定军山。

甲骨文	金文	篆文
隶书		楷书

出

"出 chū"，这是一个会意字。甲骨文、金文的"出"字，表示人从坎陷或低洼处走出来。

"出"的本义为从里面走到外面，从坑底下走向高处。《集韵》释为："出，自内而外也。"与"进、入"相对。如《诗·郑风·出其东门》："出其东门，有女如云。"现代汉语则有"出厂、出国、出门、出家"等词语。

趣味小知识

《荀子·劝学》中有这样一段话："学不可以已。青，取之于蓝，而胜于蓝；冰，水为之，而寒于水。"后改编为成语"青出于蓝"，意思是青色是从蓝色中提取的，可它比蓝色还要青；冰是水结成的，可它比水还要冷。比喻后来者只要通过不懈努力和刻苦学习，就能超过前人。

看

篆文	隶书	楷书

　　"看 kàn"，这是一个会意字。小篆的"看"字，上边是一只"手"，下边是一个"目"，表示用手遮额远望。这是人们在强光照射下，为了看得更远更清楚而采用的一种姿势。"看"的本义为远望。

　　由一般地看，引申为细看、观察，如"看脉、看风水"，又引申为访问、拜访之义，即前去相看，如"看望、看朋友"。又引申为估量，即在观察的基础上做出初步判断，如唐代诗人高适《送田少府贬苍梧》："丈夫穷达未可知，看君不合长数奇。"

趣味小知识

　　吕蒙初不习文，孙权劝他说，你如今身居要职，还是要多读书，让自己不断进步啊。吕蒙推托说军中事多，没时间读书。孙权用自己年轻时苦读兵书现在对自己大有帮助的经历教育他。吕蒙决定接受他的劝告，从此开始勤研兵书。鲁肃继周瑜掌管吴军后，还以老眼光看人，觉得吕蒙有勇无谋。但在酒宴上两人纵论天下事时，吕蒙不乏真知灼见，使鲁肃很震惊。酒宴过后，鲁肃感叹道："我一向认为老弟只有武略，时至今日，老弟学识出众，确非吴下阿蒙了。"吕蒙道："士别三日，即更刮目相看。"这便是"刮目相看"的故事，它告诉我们看事物不能总是用老眼光，要抛去成见。

甲骨文	金文	篆文
隶书	楷书	

甲骨文和金文的"言"字，下面部分像人的口舌，舌头上加了一短横作为指示符号，表示正在说话。后来又在口舌之间增添一横，表示舌头的摇动，后来又增加了一短横，表示语音，于是就变成了今天的"言"字。

"言"的本义为说话，由说话引申为说话的内容，如"言论、言语、言简意赅"等。

趣味小知识

战国时，秦军队包围了赵国的都城邯郸，危急之中，赵国派平原君到楚国去求援。毛遂自告奋勇提出要去，平原君因少一人，只好勉强带着他。到了楚国后，平原君和楚王谈及"援赵"之事，楚王一直没有表明态度。这时，毛遂对楚王说："我们今天来请你派援兵，你犹豫不决。别忘了，楚国虽然兵多地大，却连连吃败仗，连国都丢掉了。我看，楚国比赵国更需要联合起来抗秦呀！"毛遂的一席话说得楚王口服心服，立即答应出兵援赵。平原君回到赵国后感慨地说："毛先生一至楚，而使楚重于九鼎大吕。"这就是"一言九鼎"的故事，形容一句话能起到重大作用。

甲骨文	金文	篆文
甲骨文	金文	篆文
隶书	楷书	

甲骨文的"页"字，是一个突出了头部的端坐着的人形，它的本义是指人的脸，现在这个意义已基本不用。常用来作名词，指纸面，如页眉页脚；也作量词，表示纸张数量，如一页纸。

趣味小知识

"页"在发展过程中，通常用作偏旁构件，原本由它所表示的"头脸"的意义，则反映在诸多"页"部字中，如"顶"表示头的上部；"颇"，表示头部不正而偏斜；"须"，表示下巴上的毛；"顿"，表示用头叩地；"颈"，表示头下部脖子的前部；"项"，表示头下部脖子的后部；"领"是头下部脖子的两边；"颊"表示人面部的两腮。知道了"页"的原始意义，就容易理解这些字了。

自

甲骨文		金文
篆文	隶书	楷书

"自 zì"，本义是鼻子。甲骨文看起来就是鼻子，上部像鼻梁，下部是左右两个鼻孔。金文字形趋向匀称，强调了鼻子"山根"部位上的两条皱纹，但不如甲骨文形象。

由于人们在谈话中强调自己时，常常用大拇指指着自己的鼻子。因此，"自"又用来表示自己，成为第一人称代词，如"自白、自己"等。当"自"更多地运用于引申义后，人们新造了一个"鼻"字来表示"自"的本义。

趣味小知识

《列女传》中有梁高行的故事：梁高行为梁某之妻，花容月貌，聪慧敏捷，却在青春花季丧夫，为照顾孩子，她执意不改嫁。梁王差人上门提亲，梁高行就对着镜子将自己的鼻子割下。她对来人说，我所以不自杀，是不忍心让我的孩子成为孤儿，我自己割下鼻子，你总该放过我吧。梁王知道后对她肃然起敬，故而赐名"梁高行"。

第五章

汉字与妇女

甲骨文		金文	
篆文		隶书	楷书

"女"字的本义为"女性"，甲骨文的"女"字是一个象形字，它描画了一个极具女性特征的形象：一位女子面朝左跪坐，两腿屈膝，上身直立，上部还突出了女性的胸部。这与我们印象中温柔贤惠的古代女性形象也比较吻合。

金文的"女"字，又在"女"的头上增加了一条横线，应该是头簪、发笄之类的装饰品，这表示女孩"年已及笄"，也就是年满十五岁，已经成年。

大家有没有注意到，凡是由"女"字组成的字，几乎是两极分化、褒贬分明的。赞赏如"好、妙、娴、娇、威、娥"，鄙视如"奴、奸、婪、嫉、妨、妄、嫌"，这可能也反映了女性社会地位的变化吧。

趣味小知识

你们知道"女墙""女垣"吗？它们都是指古代城墙上的矮墙。比如刘禹锡的《石头城》一诗中，有这样的名句："淮水东边旧时月，夜深还过女墙来。"李贺的《石城晓》："月落大堤上，女垣栖乌起。"不过古代只有"女墙"，可没有"男墙"。

母

甲骨文	金文	篆文	隶书	楷书

母亲是生我们养我们的人，每个人都是吮吸着母亲的乳汁而长大的，因此"母"字的字形也体现了这一点。"母"字的甲骨文字形和金文字形都与"女"字比较相近，只是比"女"字多了两点，这两点实际上是表示女性的乳房，正是突出了母亲哺乳的特点。不过，随着字体的演变，这两点逐渐讹变为上下各一，现在楷书中的"母"字已经没有象形意味了。

现代汉语中，"母"字还可引申为泛指雌性动物，如"母猴、母马、母老虎"等。子女由母亲所生，所以，"母"字又引申指能孳生繁衍的事物，如做馒头用的"酵母"，能组合成拼音文字的"字母"，同一语系中成为各种方言共同根源的"母语"，等等。

趣味小知识

母亲是伟大的，母亲给予儿女的是无限、无私的母爱。因此，俗语中有"儿不嫌母丑"之说。对"母"字的最好颂扬来自唐人孟郊的《游子吟》："慈母手中线，游子身上衣。临行密密缝，意恐迟迟归。谁言寸草心，报得三春晖。"这是一首感情真挚的诗歌，我们要永远铭记在心！

甲骨文	篆文	隶书	楷书
𡚽	妻	妻	妻

"妻"就是男性配偶的称呼。《说文解字》将"妻"字解释为："妻，妇与夫齐者也。"这里，"妻"是用来指称婚嫁女性，与"夫"相对。如《诗·豳风·伐柯》："取妻如之何，匪媒不得。"这是说，如何能娶到妻子，没有媒人是不成的。其实，在远古时期，"妻"与"夫"并没有后来中国封建社会的依附关系，但随着婚姻形态的改变，即"王权父系制"的彻底实现，"妻"就要终生伴随丈夫。

在古代汉语中，"妻"不仅用作名词，还可以用作动词，表示以女嫁人为妻。如《论语·公冶长》："以其子妻之。"这里的"子"指女儿，"妻"用作动词，表示嫁人。

趣味小知识

《史记》中，有一个"杀妻取将"的故事：吴起是与孙武齐名的军事家，出生于卫国，后来在鲁国当了官。有一次，齐国出兵攻打鲁国，鲁国的国君准备让吴起领兵抗击，不过又很犹豫，因为吴起的妻子是齐国人。吴起知道后，便立刻回家将自己的妻子杀死，表明自己没有二心，全心全意忠诚于鲁国。鲁国人这才让他担当统帅。

甲骨文	金文
篆文	隶书 楷书

"身"是一个象形字，甲骨文字形是在人字的腹部增加了一条弧线，特别像女人有了身孕的样子。所以"身"的本义即为怀孕在身，后引申为"身体"之义，而表示"怀孕"的本义就另外造了"孕"字来专门表达。

汉字中，凡从"身"的字，大多都与人的身体或躯干有关，如"躬、躲、躺、躯"等。因为躯体是人的肉体主干，由此引申出自我之义，还可指人的地位、品德，又引申指一般物体的主干部分，如"车身、船身"等。现代汉语中，"身"还可用作量词，如"一身西服、一身正气"等。

趣味小知识

大家熟悉的"身在曹营心在汉"，讲的是关羽的故事。当年，关羽和刘备走散后，被迫进了曹营。曹操对他可谓是"封侯赐爵，三日一小宴，五日一大宴，上马一提金，下马一提银"，但关羽不为所动，一心想回到刘备身边。后来得知刘备在袁绍处，关羽马上"过五关斩六将"，想方设法回到了刘备身边。

甲骨文	金文	篆文
隶书	楷书	

　　"孙"是一个会意字，甲骨文的"孙"字，左边是一个"子"，是一个幼儿被包裹起来双手舞动的形状；右边则是一个"脐带"的象形。两形会意，用来表示家族中女儿的孩子。当金文的"孙"字出现时，华夏民族已进入"王权父系制"时代，所以，这时"孙"的意义转为指称儿子的儿子。《说文解字》就解释为："孙，子之子曰孙。"又用来泛指孙子以后的后代，如"子子孙孙、曾孙、玄孙"等。"孙"字也是姓氏之一。

趣味小知识

　　古代有一位名叫"孙山"的人，与一位同乡人的儿子同去赶考。孙山虽然考中，却排在最后一位。同乡人问起录取情况，孙山回答说："解名尽处是孙山，贤郎更在孙山外。"后来，人们便用"名落孙山"来比喻考试落榜。

男

甲骨文		金文	篆文
甲骨文		金文	篆文
隶书		楷书	

"男 nán"是会意字，它由"田"与"力"组合而成。"田"是指农耕劳作，这可得有力气的人才能做，男人跟女人相比，更为强壮，所以成为农耕活动中的主力。不过，在甲骨文字形中，"力"字可并不是表示力量，而是男性的象征，直接就表示男子。

在商朝，"男"本来是指专一从事农耕活动的部落首领，当时的农活比较简单，女子就可以完成。等到周朝建立后，华夏民族进入真正的农耕时代，男子由于体力上的强壮，就逐渐成为农耕生产的主要承担者，这样"男"也就用来直接指称男子了。《说文解字》解释为："男，丈夫也。从田从力，言男用力于田也。"

趣味小知识

作为一个男子汉，应当有担当，有勇气。唐朝诗人李贺说："男儿何不带吴钩，收取关山五十州。"意思是好男儿当以国事为重，从军远征，在战场上才能显出勇猛刚烈和男儿本色。

婚	金文	篆文
	隶书	楷书

　　"婚 hūn"字的本义表示男女双方正式结为夫妻,那么"昏"字有何来历呢,为何男女嫁娶会出现"昏"字呢?其实这是来源于古代嫁娶习俗。古代的结婚仪式和酒席通常安排在傍晚,故而"女"字与"昏"字组合起来表示男女嫁娶。现在这种习俗仍然在南方和少数民族之中保留。

　　古代婚姻讲究门第,就是说:男女双方的家庭要门当户对,称之为"婚阀"。又有同姓不婚的习俗,如《国语·晋语四》:"同姓不婚,恶不殖也。"意思是:同姓为婚,生育将不繁盛。

趣味小知识

　　在诗圣杜甫的名作"三吏""三别"中,有一首特别的《新婚别》,这首诗将一位新娘子的心理把握得特别细腻准确。这位新娘刚刚与丈夫成婚,便面临分离:"暮婚晨告别,无乃太匆忙。"但她深明大义,明白要做好丈夫的坚强后盾,才能让丈夫在前线安心打仗,因此,她鼓励丈夫"勿为新婚念,努力事戎行",而她也会"罗襦不复施,对君洗红妆",永远等待着丈夫归来。

甲骨文	金文	篆文
(字形)	(字形)	(字形)

隶书	楷书
棄	弃

"弃 qì"字的本义是抛弃婴儿，它的甲骨文字形很像人手持畚箕，将盛放在箕中的婴儿丢弃掉，这也反映了上古时期医学水平相当低下，当时的婴儿死亡率甚至达到了 70% 以上。金文将畚箕之形变为瓮棺，楷书写作"棄"，简化后写作"弃"。

"持箕弃子"是"弃"字的本义，后又引申出一般意义上的"丢弃"，而抛弃的东西往往容易被遗忘，所以"弃"字又用来表示"遗忘"。"弃"还可表示"背弃"，如"背信弃义"。

趣味小知识

在古代，被处以极刑的囚犯，在闹市区被执行死刑后，往往会被抛尸街头以示众，称之为"弃市"。

甲骨文	金文	篆文
隶书	楷书	

儿

上古先民在造"儿"字时，抓住了幼儿的典型特征：即身小头大，头顶上的囟门尚未闭合。刚出生的婴儿，头部正中有一条骨缝，这就是婴儿的"囟门"。婴儿的囟门会随着心脏的节拍，一下一下地跳动，十几个月后才能闭合长好。甲骨文和金文的"儿"字，特别形象地体现了这一特点，让人不得不佩服古人造字的巧妙。

古时，"儿"是专指称男孩，女孩称"婴"，但笼统而言也都可称"儿"。"儿"还可用作晚辈们的自称，如《木兰诗》："愿驰千里足，送儿还故乡。"诗句中的儿字，就是花木兰的自称。从唐代开始，"儿"虚化为名词的后缀，含有小的意思。

趣味小知识

普通话中有两种常见的语流音变，一个是轻声，一个是儿化。儿化就是后缀的"儿"和它前面的音节结合在一起，成为儿化现象，发音时在韵母后面加上卷舌音尾，如"院儿、花儿、冰棍儿"等。现代北京话中的"儿化"现象是非常普遍的。

兄

甲骨文		金文	
篆文	隶书	楷书	

"兄 xiōng"的甲骨文字形上半部是"口",下半部是"人";小篆字形下半部演变为"儿",从儿从口。口儿会意,在这里表示已经学会说话的男孩。这是"兄"的本义。

孩子长到三五岁,有了说话的能力时,常常是说起话来无穷无尽,叨叨不休,而会说话的孩子显然要比"子"和"婴"大一些,所以,"兄"又指兄长。《说文解字》释为:"兄,长也。"《尔雅》更明白地释为:"男子先生为兄,后生为弟。"这里说的兄和弟,与今人所说的兄、弟含义是一样的。

趣味小知识

《三字经》中有:"兄则友,弟则恭。"这是说:哥哥把弟弟当朋友看待,弟弟就会对哥哥表示出恭敬和顺从。

甲骨文	金文	篆文
安	安	安

隶书	楷书
安	安

安

"安 ān"字的甲骨文和金文字形，描绘的都是一位女子在房屋中的情景。为什么"女居室中为安"呢？我们可以从"母系"社会的角度来看，因为只有当每个成熟女性有了自己的居室之后，整个氏族才能安宁、安居。

"安"字由安定、平静之义，引申出安稳、稳固之义，又由安稳引申出了安放、安置之义。"安"在文言文中还用作疑问代词，表示什么、哪里。

趣味小知识

孔子有学生三千，其中最出名的有七十二人，而颜回又是孔子最得意的门生之一，孔子常常以颜回的事例来教育其他学生。有一次，孔子对学生们说："贤哉，回也！一箪食，一瓢饮，在陋巷，人不堪其忧，回也不改其乐。贤哉，回也！"孔子十分赞赏颜回的这种"安贫乐道"的品德。

第六章
汉字与生活

饭			
金文	篆文	隶书	楷书

"饭"字是一个会意字,它的金文字形为左右结构:左边是一个"食"字,表示食物;右边是一个"反"字,表示将手背在身后。这是表示现在还不吃,留待以后才吃的意思,也就是说外出劳作完毕或告一阶段后才进食。后来又引申为每天的定时进餐,如"早饭、午饭"。"饭"还可以作动词,表示"吃",如《论语·述而》:"饭疏食,饮水。"意思是吃粗食,饮白水。古汉语中还可以表示给饭吃。现在的"饭"常特指大米饭。

------ 趣味小知识 ------

《史记·淮阴侯列传》曾描述韩信少年不得志时,常在淮河边钓鱼,并以此为生,但经常因为钓不到鱼而饿肚子。一个漂洗丝絮的老大娘见他可怜,就把自己的饭分一半给他吃。韩信说以后若有发达之日必定报答她,可是她生气地说:"大丈夫不能自己维持生活,我是可怜你才给你饭吃的,哪里指望回报?"这就是"一饭之恩"的故事。

甲骨文	金文	篆文
隶书	楷书	

"衣"是象形字。上部的"人"字形部分表示衣领，两侧的开口处就是衣袖，下部则是衣襟，即古代的"左衽"或"右衽"。这是古代的衣服式样，与现代的很不一样。

"衣裳"，现在是一个词，但在古代却是两个词。《说文解字》释为："上曰衣，下曰裳。"《诗经·邶风·绿衣》："绿衣黄裳。"即指绿色的上衣，黄色的下衣（裙子）。

因为衣服穿在人体外面，所以"衣"字又引申指覆盖在物体表面的一层东西，如书衣、花生衣、地衣、糖衣；还可以指动物蜕下来的外皮，如蝉衣、蛇衣等。

趣味小知识

"仓廪实而知礼节，衣食足而知荣辱"，春秋时期的管仲认为，只有粮仓充实才能去讲究礼节，衣食饱暖才能懂得荣辱。如果人连基本的物质需求都得不到满足，又哪里会有更高的精神需求呢？

甲骨文	金文

篆文	隶书	楷书

"宅"字本义是"营建"，后来成为名词"住所"。甲骨文的"宅"字，是在屋内立柱，强调营建盖房之义。上古时期，人们在挖好地穴后，最重要的便是在穴中央立柱后搭建屋顶，"宅"正是对这种浅穴式建筑营建过程的直观描述。到了金文的"宅"字，作为指事符号的一撇，讹变为一横，好似立柱上的梁木，大概因为这一时期的建筑已发展为地面建筑，柱梁一体了。

从"宅"字的演变过程，可以看出，我国古代木构建筑如何从襁褓时代，一步一步体现出恢宏的气势、周密的结构体系。

趣味小知识

"宅"字的主要意义是"住所"，但中国古代的宅院可不仅仅只是个住所，它是艺术与文化的体现。我国著名的宅院有山西灵石县的王家大院，晋商家族的刘家大院，山西祁县的乔家大院，大理的张家花园，等等。

行

甲骨文	金文	篆文	隶书	楷书

　　甲骨文的"行"像横竖交叉的大路，上下左右相通，四通八达，是个象形字，所以"行"的本义就是"大路"。"路"皆可以行走，所以"行"又当"行走"讲，如李商隐《瑶池》："八骏日行三万里。"由大道的直通、交叉引申出行列之义，如"一行白鹭上青天"。

　　虽然"行"与"径"都有"道路"之义，但在先秦文献中，两者是有区别的，"行"指大道，"径"则指小路。

趣味小知识

　　《古诗十九首·行行重行行》："行行重行行，与君生别离。相去万余里，各在天一涯。道路阻且长，会面安可知。胡马倚北风，越鸟巢南枝。相去日已远，衣带日已缓。浮云蔽白日，游子不顾返。思君令人老，岁月忽已晚。弃捐勿复道，努力加餐饭。"这里的"行行重行行"就是指不停地行走。

甲骨文	金文	篆文
隶书	楷书	

贝

　　"贝",贝壳,特指一种海洋软体动物的外壳。甲骨文的"贝"字,像是打开了壳并取掉肉质的"贝壳",壳间还有连接的韧带。上古时代,"贝"不仅是人体的装饰品,还用作货币,这种贝的专名为"子安贝"。通常五个或十个贝壳串成一串,是最基本的货币单位。在商代先民拥有的贵重物品中,"贝"的价值十分特殊。商代青铜器铭文上有把"贝"当作礼物赠送的记载。在殷墟妇好墓中,出土了大约四千枚贝壳。

　　据许慎《说文解字》记述,中国到了秦朝才完全"废贝行钱"。"贝"字是个部首字,在汉字中,凡由"贝"所组成的字,大多都与钱财或贵重义有关,如"财、货、贯、贸、贺、贿、赃、资、赋"等。

趣味小知识

　　古人描写美人时,常用"螓首蛾眉"来形容其宽宽的额头和弯弯的眉毛,用"齿如编贝"或"齿如含贝"来形容其洁白整齐的牙齿,想象极为新奇。

甲骨文	金文	
篆文	隶书	楷书

"食 shí"是我们每个人生存不可或缺之物，这一点从"食"字的甲骨文字形可以看出来：它的下部是一个装满了食物的食器（即豆），上部是倒口，表示正从食器中取食。

"食"字由本义引申为一般意义上的"食物"，又从名词引出动词"吃"的意义。"食"还有一些特别的用法，例如太阳被月亮遮住称为"日食"，月亮被地球遮住则称为"月食"。"食言"一词，则用吞吃自己说出的话语，比喻说话不算数。

趣味小知识

"食"字在殷商卜辞里，通常表示吃饭的时间。如卜辞里的"大食"，即上午八九点钟吃食之时，也叫"朝食"（大食，意味着吃饱了好干活）；"小食"是下午四五点钟吃，也叫"飨"（小食，意味着晚上还有祭祀后的饮食联欢）。这种饮食习惯是为了适应"大采""小采"这种劳作习惯，清晨日出至八九点钟的劳作为"大采"，十点到下午三四点的劳作为"小采"。

甲骨文	金文	篆文
ⅡⅠ	刀ｊ	⌒
隶书		楷书
夕	肉	肉

肉

"肉 ròu"是一个象形字,从甲骨文字形看,就是对"肉块"的象形白描。金文和小篆的形体,也源自肉块,中间的斜横线,表示肉块上的瘦肉。楷书的"肉"字,则已经看不到肉块的形象了。

"肉"既可以指动物身上可食的大块肌肉,也可以指蔬菜瓜果中间可食的部分,又引申指行动缓慢,如"他这人太肉了"。

"肉"字作偏旁时,写作"月",这样就和本来从"月"的字混同一体了,大家可要进行区分哦。一般情况下,可以从词义上加以区分,如"朗、期、腊、胧"等与月亮有关的字,均由"月"组成;而"肠、肚、肝、腋、脸"等字中的"月"都与肉有关,这些字的"月"旁本为"肉"字。

------ 趣味小知识 ------

大家都喜欢踩着风火轮的可爱的哪吒,但你们知道哪吒曾经割肉还母,剔骨还父吗?这还要从哪吒的贪玩说起,有一天哪吒去东海沐浴,把太乙真人赐给他的宝物"乾坤圈"放在海中玩耍,越玩越嗨,居然撼动了东海龙宫。龙王急忙派巡海夜叉察看,巡海夜叉惹火哪吒被打死。后来龙王三太子敖丙调集

龙兵与之大战，也被哪吒打死了。龙王禀奏玉帝，要捉拿哪吒并问罪其父母。哪吒又在天宫门前把龙王痛扁了一顿。后来哪吒为了不连累父母，便割肉还母，剔骨还父。幸好他的师傅太乙真人借莲花使哪吒得以复活，才有了后来的故事。

饮

甲骨文	金文	篆文	楷书

"饮 yǐn"是一个会意字，它的本义是喝酒。甲骨文的"饮"字，下部是一个酒坛子，右上部好像人俯首吐舌，就着酒坛尝酒的样子。金文的"饮"字是一个"从酉、欠、今声"的形声字，声符"今"乃由口舌之形讹变而来，"欠"乃张口之人，整体字形仍表示人在饮酒。"饮"由"喝酒"义引申为一般的"饮用"义，又由动词引申为名词，指可喝的东西，如"饮料、冷饮"。

趣味小知识

鸩是一种古代的毒鸟，它的羽毛浸入酒中可以做成毒酒，喝了能毒死人。如果因为口渴而去"饮鸩"，无异于自杀。人们常用"饮鸩止渴"比喻用错误的办法来解决眼前的困难而不顾严重后果。

金文	篆文
隶书	楷书

皮

　　"皮 pí"的本义是兽皮。在古文字形中，"皮"字的右边是一只手，左边是刻意突出的野兽头部和腹部，像剥下的兽皮。突出兽头，是因为剥皮当从头部开始，腹部则是兽皮的有用之处。古人剥下兽皮，是用来御寒护体的，近现代我国东北的鄂伦春人，仍以兽皮甚至鱼皮作衣饰的基本质料。

　　皮和革均指"兽皮"，但二者词义稍有不同：带毛的叫"皮"，去掉毛的则叫"革"。

趣味小知识

　　《左传·襄公二十一年》中的"食其肉而寝处其皮"一语，道出了先民以兽皮为衣的历史。皮毛乃是极好的御寒护体之物，猎获野兽之后，兽肉用来充饥，兽皮则用来护体。后来人们用"食肉寝皮"来比喻对敌人的极端仇恨，敌人就好比禽兽一般，让人恨不得割他的肉吃，剥他的皮当垫褥。

金文	篆文
隶书	楷书

布

现代的"布"泛指布料，使用者也没有限制。但在古代，"布"是可以显示等级的。金文的"布"字上部是"父"，表示成年男子，下部是"巾"，合起来表示成年男子遮蔽身体下部的裙装。在父权制社会中，成年男子的社会地位要高于女性和孩子，因而，当麻帛十分稀缺时，他们有权优先享用麻帛所做的"巾"，来显示他们的性别及社会等级，以区别用兽皮围身的其他氏族成员。随着麻帛这类物质产品的丰富，"布"不再是社会高等级优先享用的物品，人们便用其来指称"麻布""布衣"等词语，即穿麻布衣的人，多为庶民百姓。

趣味小知识

战国时期，有一种铲形金属货币，形制有些像人体下身的"吊布"，因而，"布"也指这种古代的铲形货币，如"泉布"一词。

甲骨文		金文
篆文	隶书	楷书

初

"初 chū"，是人生历程的开始，如《三字经》中有"人之初，性本善，性相近，习相远"的教诲，这里的"人之初"即表示人的"初始"，人的"起初"。"初"是一个会意字。《说文解字》："初，始也。裁者衣之始也。""初"字从刀，从衣。合起来表示用刀剪裁衣服，是制衣服的起始。所以它的本义是起始、开端。

趣味小知识

清代著名词人纳兰性德《木兰花令》："人生若只如初见，何事秋风悲画扇。等闲变却故人心，却道故人心易变。骊山语罢清宵半，泪雨霖铃终不怨。何如薄幸锦衣郎，比翼连枝当日愿。"这首词是说如果人世间一切情感与事物都能如同最初产生时那样美好就圆满了，表达了词人对人生无常的万般无奈。

堂

金文	篆文	楷书

"堂 táng"的本义为殿堂式大房，即宫殿式建筑。《说文解字》："堂，殿也，从土尚声。"金文中"堂"字颇具象形意味，其上为两坡房的白描图形，下部表示向上的台阶，其建筑形制恰似古代的殿堂。金文中的另一个"堂"字：上部是一个"尚"，表示躺倒在地的台基；下部是一个立，在此表示设置、建立。可见，"堂"的本源指坐落在夯过的台基上的高大建筑。这种建筑与故宫的大殿形制上完全相同，是中国木构建筑的代表。

现代汉语中，"堂"常用来表示举行某种活动的大型房屋，如"礼堂、食堂、课堂"。

趣味小知识

《论语·先进》："由也升堂矣，未入室也。"这是说，孔子的学生仲由登上了室前台阶，却未进入屋室之中，表示他的学问还不够精进。现在常用"登堂入室"比喻学问或技能从浅到深，达到很高的水平。

窗

甲骨文	金文	篆文

隶书	楷书

"窗 chuāng"，即窗户，是房屋墙壁上通气透光的装置。现代的"窗户"式样繁多，既美观又实用。但上古时期的窗户仅仅是一个"窗洞"，从甲骨文的字形就可以看出来。到了金文和小篆时期，"窗"已经有了窗棂格条。但可以开启的窗户，大概要到秦汉以后才出现。此前，即便有些窗子上装了窗棂，也都是固定的。

趣味小知识

大家知道"鸡窗"是指什么吗？据南朝宋刘义庆《幽明录》记载，晋时，兖州刺史沛国宋处宗曾经得到一只长鸣鸡，非常喜爱，常常把它系在窗边，后来这只鸡渐渐会说人话，还和处宗一起辩论，处宗也因此而"言功大进"。这里的"鸡窗"就是指书窗或书房。

甲骨文	篆文
隶书	楷书

户

"户 hù"是一个象形字,甲骨文和金文的"户"字,很像一副单扇门,它的本义指门扇,即"单扇之门"。如《论语·雍也》:"谁能出不由户?"又引申指人家、住户,一家人就是一户。如《史记·秦始皇本纪》记载,秦始皇灭六国后,为防止六国贵族造反,"徙天下豪富于咸阳十二万户"。在现代汉语中,则有"户口、户籍"等。

"户"字是一个偏旁字,在汉字中,凡从"户"之字,大都与门、窗和房屋有关,如"扉、扇、扁、雇、房"等。

趣味小知识

《吕氏春秋》:"流水不腐,户枢不蠹。"这是说常流的水不发臭,门的转轴不会被虫蛀蚀。比喻经常运动的东西,才不会被腐蚀掉。

甲骨文	金文	篆文
车	车	車	車

隶书	楷书
車	車 车

"车 chē"是个象形字。甲骨文的"车"字，源于古人对车的散点透视图形：车的整体来自俯视，车轮之形却来自侧视。金文的诸多"车"字都十分直观，构图简洁，漂亮匀称。

传说夏朝的掌车大夫奚仲发明创造了车。古代的车有许多种类，先秦时代，马车独辕，乘人，被称作"小车"；牛车双辕，载货，被称作"大车"。古代还按照人的等级限定车的装置：士乘栈车，用竹木条编制车厢，形制比较简陋；"轩"则供大夫以上的贵族乘坐。

趣味小知识

南唐后主李煜有一首《望江南》词，其中有三句回忆旧时身为帝王时的奢侈生活："还似旧时游上苑，车如流水马如龙。花月正春风!"令人无限唏嘘!

甲骨文		金文	

篆文	隶书	楷书

舟

　　"舟 zhōu"，甲骨文看上去与木筏、小木船十分相像：平底、方头、方尾，首尾略上翘，是非常典型的象形字。在商代，舟船运输已十分发达，当时，殷商民族曾有一次大型迁徙行动，他们乘船渡过洹河，由洹河南岸迁到北岸的殷墟。"舟"字是一个偏旁字，汉字中，凡以"舟"为造字部件者，大都与船及其作用有关，如"航、舷、舰、艇、艘"等。

趣味小知识

　　《荀子·劝学》中说："假舟楫者，非能水也，而绝江河。"可见，古人心中明白，善于利用船和桨的人，即便不会游泳，也能渡过江河，所以我们要善于利用外物。

甲骨文	金文	篆文
隶书	楷书	

斤

"斤jīn",原本是一个象形字。"斤"字的甲骨文字形,就像一把上古时代的斧子。金文的"斤"字已演变为会意字,其左上部增加了一个表示旋转的"Ｔ"形符号,表示斧子的挥舞。

"斤"是人类史前社会中最为重要的工具,从旧时期的"石斧"到夏商时期的木柄铜斧,然后是铁制斧子的出现,这种"曲柄斧",一直在华夏文明中扮演着重要角色。"斤"又是中国特有的木工工具"锛"的前身,也是中国特有的战争兵器"戈"的源头。因此工匠的"匠"字从斤,兵士的"兵"字也从斤。

趣味小知识

古代社会,人们交易时用斧斤分割物品,也会顺便用斧斤作秤砣,当作计量单位。因而,斧斤的"斤"字被借用为"斤两"的斤。成语中的"斤斤计较"即源自于此,后人常用来比喻过分计较琐细的小事。

第七章
汉字与文化

甲骨文	金文	篆文
隶书	楷书	

"乐"字的金文构形下部是"木"，它的本义是指燃烧篝火时所用的松柏枝叶发出的噼噼啪啪的声响，看起来好像跟我们现在的用法没什么直接联系。说到这，就要追溯到远古社会人们的生活了。远古时期，我们的先民们常常会举行以祭祀等为主题的乐舞活动，在这种乐舞活动中，篝火是必不可少的。当时人们选择的材料就是松柏枝叶，这些枝叶不仅砍下就可直接使用，更重要的是它们在燃烧时能够发出噼噼啪啪的响声，这样更增加了乐舞的欢快气氛。大家觉得是不是很像我们后来的爆竹呢？

因为举行乐舞活动时是非常欢乐的，因此又引申出了"欢乐"和"音乐"义。"乐"还可以用作动词，在"智者乐水，仁者乐山"这句话里，它的读音是 yào。

趣味小知识

三国时，刘禅（阿斗）继承了蜀国的皇位，可是他每天只知道吃喝玩乐，根本不管事。后来便投降了魏国，还带着一些旧臣到魏国去当"安乐公"，继续过着吃喝玩乐的日子。有一天，魏国的大将军司马昭请阿斗吃饭，故意羞辱他说："怎么样，

在这里过得开心吗？想不想蜀国呀？"没想到，阿斗居然开心地说："此间乐，不思蜀。"司马昭在心里窃笑："真是一个扶不起的阿斗呀！难怪会亡国！"当然现在我们说起"乐不思蜀"可没有贬义哦，它是形容一个人玩得太开心了，都忘记回家了！

甲骨文	金文
篆文	隶书	楷书

舞

"舞"和"无"源出一字，因为"无"后来被借用表示"有无"之无，所以古人在"无"字下面增加了象征双脚的"舛"，来专门表示"舞蹈"之舞。

甲骨文的"舞"字很像一个人用双手拿着松柏枝条在跳舞，而"舞"字的发音也来自于跳舞时人们发出的"呜呜"的声音。在上古先民心目中，舞蹈是一件十分严肃的事情，决不单纯是为了愉悦。上古人认为歌舞可以表达他们内心的情感和祈愿，能够实现他们与"祖宗神灵"沟通的目的。《礼记·乐记》中有"嗟叹之不足，故不知手之舞之，足之蹈之也"，正说明了舞蹈的起源。

趣味小知识

"舞"可以是优美柔和的，也可以是雄浑洒脱的，诗圣杜甫曾用《观公孙大娘弟子舞剑器行》一诗写出当年公孙大娘舞剑时的英姿："昔有佳人公孙氏，一舞剑器动四方。观者如山色沮丧，天地为之久低昂。燿如羿射九日落，矫如群帝骖龙翔。来如雷霆收震怒，罢如江海凝清光……"

据传当年草圣张旭也曾将公孙大娘的剑舞运用到书法艺术之中呢。

歌

金文	篆文	楷书
訶	訶	歌

　　古人认为"歌"是一种"长言"，所谓"长言"，是说"歌"近似于呼号，是一种情不自禁、拖长音调的发声。《说文解字》解释"歌"为："歌，咏也。"指有节拍伴奏（如掌声、鼓点、音乐等）的吟唱，先秦的《诗经》即属于"歌诗"，指能配乐歌唱的诗。后世泛称有韵脚的诗为"歌诗"或"诗歌"。

趣味小知识

　　宋代的代表文体"词"也是可以入乐演唱的，北宋词人柳永便是一位精通音乐的词人。而后来苏轼主张"以诗为词"，认为词不必注重音律。他还曾问幕下士他的词和柳永比如何，幕下士回答："柳郎中词只合十七八岁女郎，执红牙板，歌'杨柳岸晓风残月'。学士词须关西大汉，铜琵琶铁绰板，唱'大江东去'。"

祝

甲骨文	金文	篆文	隶书	楷书

古代的"祝"，通常指用言词告神求福的人，如"巫祝"。甲骨文的"祝"字，右边是一个"兄"，本义为会说话的儿童，在此代指人说话左边是一个"示"，乃祭祀时的神主牌位。合起来表示祭祀者面对供桌，跪于神主前念念有词的情景。

由祈祷告神之义，又引申泛指对良好愿望的祝福，如"祝寿、祝贺、祝酒"等。

趣味小知识

人生离不开美好的祝福，它会让我们怀着对未来的无限期待努力前行。你们最喜欢什么样的祝福呢？是李白的诗意（"我寄愁心与明月，随风直到夜郎西"），或是高适的豪情（"莫愁前路无知己，天下谁人不识君"），还是苏东坡的豁达（"但愿人长久，千里共婵娟"）呢？不管是哪种，衷心就好！

字

金文	篆文	隶书	楷书

　　"字"最初的本义是繁育生养孩子，《说文解字》释为："字，乳也。"金文的"字"，上部是屋舍的象形白描，屋舍之内是一个婴儿的象形图画，表示家中增添孩子，即俗语所言"添丁增口"。

　　依据"字"有繁育之义，古人引申出文字之义。因为古人把依照事物形象所造的象形字、指事字、会意字称作"文"，所以在此基础上滋生出来的字便叫作"字"。现代汉语中的"字"还有"字音"的意思。

趣味小知识

　　古代男子成人，不便直呼其名，多会另取一个与本名含义相关的别名，称之为字，以表其德，所以也称为表字。"表字"可不是随便取的哟，有的字和名的意义相同，比如诸葛亮字孔明、杜甫字子美；有的字和名的意义正好相反，比如韩愈字退之、朱熹字元晦；还有的是彼此有联系的，比如关羽字云长、陆龙字在田。大家也可以尝试根据自己的名来取一个有联系的表字。

甲骨文	金文	篆文
聲	聲	聲

隶书	楷书
聲	聲 声

声

最初的"声shēng"是指乐音，甲骨文的"声"是在"磬"字中间，添加了一个"耳"和一个"口"，以悦耳的磬声，口中的呼喊直达耳际，表示"声音"这一概念。清代的段玉裁在注释《说文解字》中的"声"时说："宫商角徵羽，声也；丝竹金石匏土革木，音也。"这里的"声"就是从不同的演奏乐器中发出的。后用来泛指各类事物发出的声音，声音可以弥漫扩散，故而又可引申指"名声、名望"。

趣味小知识

公元383年，前秦皇帝苻坚组织几十万大军，南下攻打东晋。东晋王朝派谢石为大将，谢玄为先锋，带领几万精兵迎战。结果，在淝水之战中，秦军大败。那些侥幸逃脱晋军追击的士兵，一路上听到呼呼的风声和鹤的鸣叫声，都以为晋军又追来了，于是不顾白天黑夜，拼命地奔逃。这就是"风声鹤唳"一词的来历。

甲骨文		金文
篆文		隶书 楷书

祀

"祀 sì"字的产生与上古先民的理念有关。上古时期，由于医学水平的低下，怀孕产子，常常会面临巨大的危险，危险时甚至子夭母亡。先民们认为这是胎儿作祟，而幕后指挥者则是那些已死去的先祖。为了乞求祖先保佑，他们认为有必要将人间享用的物品奉献给先祖，这便是"祀"字产生的由来。

甲骨文的"祀"字，左边是一个表示供奉祭祀的"示"字，右边正是一个表示母腹中胎儿的象形白描，在胎儿的两侧有两个小点，表示胎儿流产或出降时的血液。所以"祀"的本义是产育之祭，即祈求先祖不要让"巳"（胎儿）作祟，护佑母子平安、人丁繁盛。

趣味小知识

清明节有祭祀的习俗，大家知道这个节日的来历吗？相传春秋时期，晋公子重耳为逃避迫害而流亡国外，在流亡途中又累又饿，全身无力，幸好喝了随臣介子推煮的肉汤才恢复，喝完后他才知道这是介子推从自己的大腿上割下的肉。十九年后，重耳作了国君，重赏当初伴随他流亡的功臣，唯独忘了介子推。而介子推也未邀功，他独自到了绵山隐居。晋文公听说后，非常

羞愧，亲自带人去请介子推。但用了火烧绵山之计，也未能见到介子推。最后等火熄后，才发现介子推已经死在一棵柳树之下。为了纪念介子推，晋文公下令将这一天定为寒食节。第二天晋文公登山祭奠时，发现老柳树死而复活，便赐名"清明柳"，这一天也定为"清明节"。

宗

甲骨文	金文
篆文	隶书	楷书

　　"宗 zōng"的本义为祖庙，即供奉祖宗、先人牌位的房子。"宗"的上半部是"宀"，表示屋室，下半部是"示"，表示"神主"。上古先民祭祀祖先，都是在这种特意修建的宗庙或庙堂里进行的。这一建筑类型，源远流长，故宫东边的劳动人民文化宫，就是清代皇族的宗庙。

　　由于"宗"供奉的是同一祖先及其后人，因此，引申出"宗族"之义。由"宗族"又引申指同一祖师传下来的流派；祖先是被后人所尊奉、尊崇的，由此又引申出归向之义；祖宗是人身之根本，由此又引申为本源、主旨；祖宗的后人乃是一批人，因而，"宗"又引申为量词，指"件"或"批"，如"大宗物品、一宗事"等。

趣味小知识

　　孔子是我国伟大的思想家和教育家，也是儒家学派的创始人。孟子继承并发扬了孔子的思想，有"亚圣"之称，成为又一代儒家宗师。两人并称孔孟。

甲骨文		金文	
篆文		隶书	楷书

《说文解字》将"鬼 guǐ"字解释为："人所归为鬼，从人，像鬼头。"从甲骨文的字形来看，"鬼"字都有一个"田"字形的大鬼头，下边是个"人"。实际上这是指戴着各种面具跳舞的人，他们在扮演死去的人。"鬼"与"归"同音，也是因为在先民的观念中，"鬼"只是人的一种归宿，他们是生活在另一个世界的人们，并不像后来的"鬼"那么可怕。

"鬼"是人虚构出来的，人们赋予"鬼"以超凡的力量，大家有没有注意到凡是由"鬼"所构成的汉字，大都与"鬼"或"超凡力量"有关，如"槐、魅、魂、愧"等。"鬼"还有多种比喻义：如"神出鬼没"，表示隐秘莫测；"鬼鬼祟祟、鬼头鬼脑"则表示阴险，不光明磊落；"鬼天气、鬼地方"，表示恶劣、糟糕；"鬼斧神工、鬼设神施"，表示技艺的精巧，等等。

趣味小知识

清代著名小说家蒲松龄创作的《聊斋志异》（简称《聊斋》，俗名《鬼狐传》），是中国著名的志怪小说。文中所记多是幽冥幻域之境，鬼狐花妖之事，但是其中的鬼怪却比许多人都要可爱。例如其中的聂小倩为了爱牺牲自己，就是一个感人的女鬼形象。

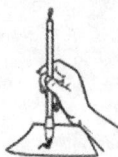

甲骨文	金文	篆文
隶书	楷书	

书

传说上古时代的先民曾"以竹梃点漆而书",这种情景大概缘于卜官记录王的占辞。甲骨文的"书"字即取自这一生活现实:上部是一个人拿着笔,下部是一个口,两形会意,表示用笔记录语言。金文在"持笔之手"和"口"之间增添了一些点画。

"书"由其本义"书写、记载",引申为书写完毕的著作,由"书写"之义又引申指文字、字体、书法、书信、文件等意。

趣味小知识

著名书法家王羲之自幼酷爱书法,并且刻苦练习,甚至连吃饭、走路时都在想这件事。有时没有纸笔,他就顺手在身上画写,以至于后来把衣服都划破了。还有一次,他居然把墨当饭吃了下去,吃得满嘴墨黑。勤奋换来的是超逸绝伦的书法成就,王羲之被后世称为"书圣",他书写的《兰亭集序》一直流传至今。

甲骨文	金文	

篆文	隶书	楷书	

　　甲骨文的"画 huà"字，上部是一个"聿"，表示用手拿着笔，下部是一个圆润如画的图案，表示以手执笔描影绘画。《说文解字》将"画"解释为"界也"，即划分界线。如《孙子兵法·虚实》："我不欲战，画地而守之。"由划分界线又引申为动词"绘画"、名词"图画"。我们书写汉字时，一笔也称之为一画。

趣味小知识

　　清代画家郑板桥酷爱画竹，他笔下的竹不仅形似，劲瘦挺拔，节节屹立而上，直冲云天；更重要的是神似，他画出了竹的坚强品格：任何时候都是挺直身板，而且空心如一，保持节操。这实际上也是郑板桥个性精神的象征，他辞官后虽然卖画为生，但他从不把画卖给仗势欺人的官吏、财主，而他卖字画的钱，也大多接济给了穷人。

写

篆文	隶书	楷书
寫	寫	寫 写

古文中的"写 xiě"，是一个会意字：上面为屋舍之形，内里是一个"舄 xì"。"舄"的本义为喜鹊造窝，这是一个会意的方式，表示喜鹊是一种在树上造巢、喜爱把各种小玩意衔回巢中的鸟。这里，表示把东西搬回屋内。因此，"写"的本义是"放置"，由此义又引申为使用某种方式仿制物形、图像，后来又引申出描画和抄写之义。"写"还有"倾注、倾泻"之义，如《周礼》中的"以浍写水。"《诗经》中的"我心写矣。"只不过后来此义由"泻"字专门承担。这个字意来自喜鹊在窝巢中向树下拉屎。

趣味小知识

在表达书写的意义上，"书、写"二字字义相同，但使用中也有区别：唐代以前书写用"书"字，很少用"写"字。唐以后，"写"才逐步替代了"书"字，表示书写之义，"书"则多用来表示书籍、书信。这种古今表达不同的情况还有很多，如"食"与"吃"，"饮"与"喝"等。

甲骨文	金文	篆文	
仁		仁	
	隶书	楷书	

甲骨文的"仁 rén"字，左上部是一个"人"，下部是古文的"上"字。两形会意，表示"仁"乃"上人"，即上等阶层的"人"。"仁"的另外一个古文字形，上为"千"，下面是"心"的象形，表示有一千个心眼，或一千种心思的聪明"人"。

所以，"仁"的本义指那些心眼多、心思密，以"劳心者治人"的上等人，即那些与"小人""下民"相对而言的"上人""大人"。但是这些"上人""大人"必须具备一种品德，即"仁者爱人"的操行，方能"成仁"，这也正是孔子儒家思想的核心思想。

趣味小知识

"仁"是"上人"，他们将自己视作人类之精华，由此又引申出一些用法。例如，果实之心是果木的精华，故称"果仁"；瞳孔是眼睛之精华，故称"瞳仁"。

金文	篆文
隶书	楷书

金文的"爱 ài"字非常有意思：整个字像一个人双手捧"心"，扭头张嘴在诉说心中的爱意。还有一种解释认为这是表达一个人离别时的留恋之情。

"爱"，源自分离时的心有所系，是对人或事物所具有的一种情感；"爱"又特指男女两性的情爱或爱慕。在现代口语中，"爱"还可表示"容易""经常"的意思，如"铁爱生锈、他家小孩爱生病"等。

现今的简化字省掉字形中间的心。

趣味小知识

"爱"在古汉语中，常用来表示"吝惜、舍不得"之义。如《论语·八佾》："尔爱其羊，我爱其礼。"用哲学家的语言讲，即"爱是一种自私"。"爱他人"实质上乃是"爱己"的一种外化投射。

甲骨文	金文	
篆文	隶书	楷书

孝

　　甲骨文的"孝xiào"字，很像一个孩子头顶着采集来的植物枝叶，有人解释这是小孩子通过游戏的方式来使大人开心，类似于二十四孝中的老莱子娱亲。金文中的"孝"字更加形象，上半部是一个老人的形体，下边的"子"代表小孩子，像是一幅孩子搀扶老人的图画。

　　"孝"与"忠"都是中国封建社会所崇奉的基本道德，在《说文解字》对"孝"的释义中，许慎强调"孝"是"子承父业"，是孩子对于长辈的"驯服"，儒家思想也强调要"无违"，即不要违背父母的任何愿望。

趣味小知识

　　古人讲究愚孝，无论"双亲"是何品格，都不能影响孩子的尽孝。例如《韩非子·五蠹》曾经记载过一则故事：楚地有一个品性耿直的人叫躬，其父盗窃别人的羊，躬大义灭亲，报告给地方官。然而地方官却判决将躬处以死刑。因为躬说了真话，但却不孝于父。

第八章
汉字与战争

甲骨文		金文	

篆文	隶书	楷书

弓

"弓"字是一个象形字，甲骨文字形左边是弓臂，右边是弓弦，就是古代武士使用的强弓的形状。在殷商民族那里，弓是一种主要的远射兵器，也是上古先民敢于狩猎野牛、大象、猛虎，击溃周边敌人、称霸中原的物质条件之一。

中国的制弓技术相当先进，《周礼·冬官考工记·弓人》中说，制弓要用"干、角、筋、胶、丝、漆"六材复合制作，这种技艺在整个古代和中世纪都是无人能及的哦。

趣味小知识

唐代著名诗人杜甫在《前出塞（其六）》中曾写下诗句："挽弓当挽强，用箭当用长。射人先射马，擒贼先擒王。"这四句读来朗朗上口，颇具歌谣韵味，同时也指出了作战的关键所在，即必须智勇兼备，才能克敌制胜。

兵

甲骨文	金文	篆文	隶书	楷书

经常有人会说"丘八为兵",其实这是一种误读,"兵"的上部实际上是"斤","斤"在古代代表斧子。在甲骨文字形中,"兵"字的下部有两只手,用来表示双手举"斤"予以砍下。

"兵"字的本义是武装起来的人,也可用来表示兵器和军队,由此又可引申为"战争"。

趣味小知识

战国时赵国名将赵奢之子赵括,年轻时熟读兵书,谈起兵事来连父亲也不是他的对手。但是后来他接替廉颇为赵将,在长平之战中一味依据兵书,不知变通,结果赵国军队被秦军大败。后人用"纸上谈兵"来比喻只会空谈理论,却无法解决实际问题。

甲骨文		金文	
篆文	隶书	楷书	

　　"戈"，是华夏民族最具代表性的实战兵器，在商周时代，它一直在战争中占据重要地位。直到以"矛"为代表的钢铁兵器出现，才使得"戈"逐渐退出了战争舞台。

　　"戈"是象形字，最早的甲骨文字形就是戈的白描图像："戈头"是有尖头的一长横，"柲帽"是上端的短画，"镈"是下端，可以插立地上。金文的"戈"字还在戈头后面补画上了缨穗，显得更加美观。小篆的"戈"字则失去了象形的意味。

趣味小知识

　　辛弃疾在《永遇乐·京口北固亭怀古》中回忆刘裕的功绩时曾说"想当年，金戈铁马，气吞万里如虎"，这两句写得可谓气势如虹，让人胸中顿时涌起无限豪情，恨不得也能上阵拼杀一回。

战

金文	篆文	隶书	楷书
戰	戰	戰	战

"战"的繁体"戰"由"單"和"戈"组合而成。金文的"單"字，其主体是一种叉形兵器"干"，是远古先民常用的狩猎工具，在"干"上再添加表示尖头的示意性符号，代表既可攻又可防的"战斗"之意。金文加上"戈"，使戈、單合一而为"战"。从能攻能守这个角度理解，"單"就是"战"的初文。

趣味小知识

楚汉相争之时，韩信以一万二千人马迎战赵国二十万大军。为打败赵军，韩信派两千轻骑潜伏赵军军营周围，而将剩下的一万人驻扎在河边列了一个背水阵。赵军杀来时，汉军后无退路，只能拼死奋战。这时潜伏的那两千士兵乘虚攻进赵营，赵军遭到前后夹击，很快被韩信打败。正是因为韩信"背水一战"，才能"置之死地而后生"啊！

甲骨文	金文
篆文	隶书	楷书

武

"武"，由"戈""止"会意而成："戈"是武器，"止"是脚印，这是表示执戈讨伐、武装示威的意思。因此"武"的本义是逞威武、勇猛。而在战争中，只有那些装备精良的人，才可以称得上威武，所以"武"又与军事、战争有关。

趣味小知识

许慎在《说文解字》中释"武"时，曾经引楚庄王的话："夫武，定功戢兵。故止戈为武。"虽然与"武"之本义不符，但它反映了古代关于战争、武力的一种抽象道德观念。在古人看来，"善战、善胜、善于对待战争、善于制止战争"都叫武。

射

甲骨文			金文

篆文		隶书	楷书

　　"射 shè"字的本义是开弓射箭，是一个会意字。它的甲骨文字形，很像弯弓贯矢，箭在弦上即将发射的样子。金文的"射"字，则在箭尾又增加一个"又"（手），表示手持弓矢以射。

　　"射"由射箭之意又可引申为各类武器的发射，如"射程、射击、扫射"等，还可引申指物体的"喷射、发射"，如光线的"照射"、以言语害人的"含沙射影"、人工喷泉的"喷射"、医药上的"注射"、光电物质的"辐射、反射"等。

趣味小知识

　　别看"射箭"在现代是一项比较冷门的运动，在古代它可是被视为"六艺"（礼、乐、射、御、书、数）之一哦，而且还是"仁之道"。对君子来说，"射"关系到立身之道，是一种基本训练，不贤之人是不可言射的。

甲骨文	金文	篆文
隶书	楷书	

卒

"卒 zú"字的常用义为兵士的死亡。实际上"卒"的本义为"肚子上的创伤",我们现代常用的意义都由此引申而来。在甲骨文字形中,"卒"的外部是一个"衣"字,表示人体的肚子,内里有交叉文饰,表示肚子上的刀痕,这反映了远古社会的现实情况。当时,男人肚子上的花纹,大多为狩猎或战争中格斗搏杀后的伤口。

由于远古医学水平低,一旦被戈矛戳伤,便意味着死亡,所以"卒"可用来表示"死亡"。从另外一个角度来看,双方搏杀,一方肚子被戳了个洞,这便意味着格斗结束,因而,"卒"又用来表示完毕。另外,在远古时代,交战的兵士常常会在脸上和肚子上涂抹颜色,作为部族战士的徽识,后来又用护甲来保护前胸和肚子。因而"卒"也用来指称兵士,又特指步兵。

趣味小知识

汉代名将李广爱兵如子,与士兵同吃同饮。行军遇到缺水断食之时,见水,见食,士兵不全喝到水,他不近水边;士兵不全吃遍,他不尝饭食。这种身先士卒的精神使他深受官兵爱戴。

甲骨文	金文	篆文
隶书	楷书	

伐

"伐 fá"字的甲骨文字形，右边是一把长戈，左边是面朝左站着的一个人，戈的长刃正砍在人的脖子上，非常形象地表示了"杀伐""砍杀"之意。后来的小篆稍有变动，仍是左"人"右"戈"的结构，但是"戈"和"人"已经分离，楷书则直接由小篆演变而来。

"伐"字的本义是杀伐，但还有"攻打、讨伐"之意。如《尚书·武成》："武王伐殷。"还可引申为"功劳"及"夸耀"。这是因为伐可成为夸字的借代。

趣味小知识

我们常把媒人称为"红娘""月老"，不过很少有人知道媒人在古代还有一个称呼叫"伐柯人"。这一名称是出自《诗经·豳风·伐柯》："伐柯如何？匪斧不克。娶妻如何？匪媒不得。"这是说：要砍倒柯树怎么办呢？没有斧子则不成。要娶妻怎么办呢？没有媒人则不得。于是，"伐柯人"就成了媒人的代称。

甲骨文			金文
篆文		隶书	

从金文字形来看，"军 jūn"字的中间是一个"车"字，字形外部是"勹"字，像手臂包围之形，表示用兵车包围环绕的意思。春秋战国时期，军队在驻扎时，会用兵车将驻地围起来，形成一道屏障，成为军队的营寨。所以，"军"字的本义为"营垒、驻扎"。

"军"还可用来指军队的编制单位。《管子·小臣》曰："万人为一军。"《说文解字》一书则认为古代一万二千五百人为一军。由军队的驻扎之义，又引申出"军队、军事"等意义，如"军粮、军费、军械、军法"等词中的"军"字，都与军事有关。

趣味小知识

《史记·孙子吴起列传》说："将在军，君命有所不受。"这是说，将军在外统兵作战，君王的命令可以不予接受。这里的"军"指"军队"。

甲骨文		金文	

篆文	隶书	楷书

"克"的本义是击破野兽的头颅，用在人的身上，则表示用戈斧、木棒等物击穿人的脑袋。"克"的甲骨文，下部是一个突出头部和肚子的兽体，上部则是一个表示击穿头颅的石块之形。

由此，"克"引申为"攻克""攻伐"和"杀戮"之义，又引申表示去除、削减之义。"克"还可以作助动词用，表示"能够、胜任"之义，如成语中的"克勤克俭"。

趣味小知识

儒家讲究约束自己，认为"克己复礼"是达到仁的境界的修养方法。孔子在早年的政治追求中，一直以恢复周礼为己任，并把克己复礼称之为仁。颜渊向孔子询问什么是仁以及如何才能做到仁，孔子做出了这种解释。因此，可以把克己复礼视为孔子早年对仁的追求。

执

甲骨文	金文	篆文
𡙸	𡙸	𡙸

隶书	楷书
執	執 执

"执 zhí"是"執"的简化字，甲骨文的"执"字，是不是很像一个人双手被手铐锁住的样子？这实际上也是"执"的本义，即捉拿、拘捕人犯。

由拘捕之义又引申指持有或掌握某种事物或主张，如"执政、执教、执法"等。由掌握不放又引申出坚持之义，如"固着、执着、执迷不悟"等。由握持之义还可引申出以此证明的凭据，如"回执、执照"等。

趣味小知识

古代诸侯会盟或订立盟约时，每个人都要尝一点儿牲血。主持盟会的人亲手割取牛耳取血，供参与者饮用或以血涂抹在嘴唇，以示虔诚。后来用"执牛耳"指做盟主或在某一方面居领导地位。

罪

篆文	隶书	楷书
罪	罪	罪

"罪 zuì"字从网从非，本义为鸟禽被捕获后的挣扎。也有人认为，罪的初字是"辠"，因为"辠"字与"皇"相似，所以，秦始皇下令将"辠"改写为"罪"字。

"辠"字的上面是"自"，是鼻子的象形，下面是"辛"，表示凿子。古代的罪犯往往会被处以割鼻之刑，因此"辠"字可以表示犯罪。而割掉鼻子非常痛苦，所以"罪"又引申为苦痛，如"受罪"。古代帝王遇有天灾人祸，为缓和人民的反抗，往往颁布"罪己诏"，表示自责。这里的"罪"意谓"谴责"。

趣味小知识

春秋时期，虞叔有一块珍贵的宝玉，他的哥哥虞公很想得到这块宝玉，但是被虞叔拒绝了。事后虞叔很后悔，他想起周人的谚语"匹夫无罪，怀璧其罪"，为避免招来祸害，就将宝玉献给了虞公。没想到虞公贪得无厌，又来索要虞叔的宝剑，虞叔忍无可忍，于是出兵攻打虞公，最后使得虞公到共池避难去了。不只是财能致祸，有才能也可能会遭受嫉妒和迫害。